AI와 만화

인공지능총서

인공지능 시대입니다. 기계가 인간의 인지를 대신하고, 사물이 인간을 통하지 않고 다른 사물과 직접 커뮤니케이션합니다. 이에 따른 인간 삶과 문명 변화를 정확히 이해 · 예측 · 대응하는 것은 이 시대 우리 모두의 과제입니다. 인공지능총서는 인공지능 기술과 환경의 여러 주제를 10가지 키워드로 정리합니다. 관련 개념과 이론, 학계와 산업계의 쟁점, 우리 일상의 변화를 다룹니다. 인간과 기술의 현재, 미래를 세심히 분석합니다.

일러두기

- 인명, 작품명, 저서명, 개념어 등은 한글과 함께 괄호 안에 해당 국가의 원어를 병기했습니다.
- 외래어 표기는 현행 어문규정의 외래어표기법을 따랐습니다. 다만 '딥러닝', '딥마인드', '딥페이크' 등은 관행을 따랐습니다.

AI와 만화

서찬휘

대한민국, 서울, 커뮤니케이션북스, 2025

AI와 만화

지은이 서찬휘
펴낸이 박영률

초판 1쇄 펴낸날 2025년 2월 25일

커뮤니케이션북스(주)
출판 등록 2007년 8월 17일 제313-2007-000166호
02880 서울시 성북구 성북로 5-11
전화(02) 7474 001, 팩스(02) 736 5047
commbooks@commbooks.com
www.commbooks.com

ISBN 979-11-7307-529-2 03500

책값은 뒤표지에 표시되어 있습니다.

차례

AI와 만화, 기회와 우려의 갈림길 vii

01 만화 제작의 중심으로 들어온 AI 1
02 AI 만화 시대를 달리는 이름들 11
03 만화 제작에 쓰인 이미지 생성형 AI 21
04 AI와 만화 기획의 만남 31
05 AI와 저작권 침해 41
06 만화 독자발 러다이트 운동과 그 이면 51
07 AI와 만화 노동 환경의 상관관계 61
08 마케팅 도구로서의 AI 만화 71
09 AI 만화의 한계 81
10 AI 시대 만화 창작의 위치와 역할 91

AI와 만화, 기회와 우려의 갈림길

2023년 봄 청강문화산업대학교의 교정에는 신입생을 맞이하기 위해 학교 측이 걸어 놓은 펼침막이 걸려 있었다. 흔한 환영 펼침막과 다른 점이 있다면 이 펼침막 내용이 몹시 심상찮았다는 점이다. "SSS급 신입생이 청강만콘(만화콘텐츠스쿨) 씹어 먹음", "출석광공교수가 결석생인 나에게 집착한다", 보자마자 자지러지게 웃게 되는 이 문구들은 교수들이 모여서 낸 아이디어였다고 하는데, 그 옆에는 어디 웹툰이나 웹소설 표지에 나옴직 한 미청년 캐릭터들이 제법 분위기를 잡고 있었다.

그런데 이 미청년 그림의 출처는 바로 AI(인공지능) 이미지 생성기였다. 〈바이바이 베스파〉의 작가로 이 학교에서 학생들을 가르치고 있는 박형동이 일본 오타쿠 계열 그림체에 특화한 '니지저니(Nijijourney)' 서비스를 이용해 생성한 이미지들이었다. 당시는 아직 AI 이미지의 품질이 아주 고도화된 편은 아니었던지라 프롬프트(prompt: 명령어)를 넣어 내려받은 이미지는 손가락 모양이 다소 이상했지만 해당 부분을 살짝 수정해 내걸었다고 한다.

당시는 이미지 생성형 AI의 등장 이래 만화를 비롯한 시각 예술 창작자들의 반감이 심하게 드러나던 때였다. 아닌 게 아니라 한 장 그리려면 얼마나 힘들게 그려야 하는지 몸으로 체감 중인 이들 앞에 주문만 넣으면 5초 정도도 안 되어 비교적 완성되어 보이는 이미지를 떡하니 내어놓는 미드저니(Midjourney), 달리(DALL-E)의 등장에 기분 나빠하는 건 인지상정이었다. 그런 와중에 만화 창작을 가르치는 학교가 이미지 생성형 AI가 만든 일러스트레이션을 문자 그대로 중심 건물 정중앙에 떡하니 걸어 놓은 것이다. 과연 어떤 생각이었을까? 이 질문에 대한 답은 청강문화산업대학교 만화콘텐츠스쿨이 소셜미디어에서 미드저니의 사용법을 안내하면서 내어 놓은 공지에 잘 나타나 있다. "이미 와 버린 미래, 더 빠르고 지혜롭게 대응해 나가겠습니다."

물론 교육 현장에서 만나는 만화가 지망생들 상당수는 불쾌감과 무시하고 싶은 마음을 토로한다. 글쓴이는 학교를 불문하고 강의 중 AI와 관련된 화두를 언급할 때면 무엇이든 좋으니 AI로 이미지를 생성해 보라고 제안하곤 했는데, 여기에 붙는 조건은 '아무리 싫더라도'였다. 아무리 분노하고 부정하려 해도 프롬프트 한 줄로 결과가 나오는 것을 눈앞에서 봐야 가늠할 수 있는 부분이 있다고 생각해서다. 그럼에도 끝끝내 보고 싶어 하지 않는 학생의 비율은 학기를 거듭해도 늘 반가량을 넘겼다. 만화 창작을 하려는 작가 지망생들의 심리가 고스란히 읽히는 대목이라 하겠다. 마치 AI와 만화의 조우는 잘못된 만남이라는 것 같은 인상인데, 이게 비단 학생들만의 심정은 아니었다. 직업 만화가들도, 또 만화 독자들도 심란함과 당혹스러움에 시달리기는 매일반이었다.

당혹감의 에스컬레이션

시간을 살짝 거슬러 올라가 보자. 2016년 일본에서 AI가 쓴 소설이 문학상 1차 심사를 통과했다는 소식이 들렸을 때만 해도 '그래도 1차까지만 갔지'라는 생각이었고, 이듬해에 중국에서 AI 챗봇이 시를 썼다는 이야기에도 '아직은 어설프다며?'라는 심정이었다. 비슷한 시기 논문들을 통해 색칠을 자동으로 해 준다네, 러프 스케치에서 선화를 따 준다네 할 때에는 '만화 그리는 데에 도움이 되겠지'라며 놀라움 반 기대 반이었다. 조금 심상찮다는 분위기가 감지된 것은 2020년의 〈파이돈〉이다. 이 작품은 AI를 이용해 완성된 상업 만화를 만들겠다는 발상이다. 그런데 거기에 만화의 신(神) 데즈카 오사무(手塚治虫)

를 끼얹은. 죽은 데즈카 오사무의 완전 신작이 지면에 나온다는 사실이 화제가 안 될 도리는 없었다. 물론 결과적으로는 기계보다 인간의 손을 더 탈 수밖에 없었던 한계가 있었고, 그 결과로 아직은 완전히는 무리구나 하는 안도 아닌 안도를 할 수 있었다. 그런데 불과 2년 만에 등장한 달리와 미드저니, 그리고 스테이블 디퓨전(Stable Diffusion)이라는 생성형 AI가 세상을 완전히 뒤집어 놓았다.

먼저 불씨를 던진 건 미드저니였다. 조금 더 정확히 말하면, 미드저니를 이용한 작품이 엉겁결에 일으킨 일종의 나비 효과에 가까웠다. 일러스트레이션이었던 〈스페이스 오페라 극장(Theatre D'opera Spatial)〉에 이어 본격적으로 만화 형태로 묶여 나온 〈사이버 펑크 모모타로(サイバーパンク桃太郎)〉와 〈새벽의 자리야(Zarya of the dawn)〉는 미드저니만으로 모든 이미지를 만들어 넣음으로써 AI 만화 시대를 활짝 여는 역할을 했다. 재미는 다소 떨어지지만, AI를 이용해 본격적으로 만화 제작을 해 완성까지 시킨 사례가 나오자 이제 만화 제작에 AI가 들어오는 것은 기정사실이 되었다.

특히 한국에서 태동한 웹툰은 그 자체가 컴퓨터 모니터 환경에서 탄생한 IT의 산물이기에 IT 이슈에 매우 예민하게 반응할 수밖에 없는 매체였다. 한국의 웹툰 시장을 선도하는 시장 지배적 사업자인 네이버는 2010년대 후반 자동 채색 등 해외 연구실의 연구 단계에 있던 당시부터 AI에 대한 연구를 진행하여 2020년대 초반 무렵에는 이미 AI를 이용한 갖가지 기술을 내어놓고 있던 차였다. 2021년의 네이버 웹툰 AI 페인터는 2017년 〈마주쳤다〉 라는 인터랙션 웹툰을 하일권과 함께 개발한 이후 네이버 웹툰이 갈고닦은 AI 기술 도입을 대표하는 서비스였다. 이 서비스는 웹툰에 최적화한 자동 채색 기술로 화제를 모았는데, 표면적인 개발 이유는 웹툰 작가들의 노동량 가운데 매우 큰 비중을 차지하는 채색을 기계에 맡길 수 있게 하겠다는 것이었다.

여기까지는 창작 환경 개선이라는 측면으로 받아들여졌는데, 정작 AI와 관련해서 독자들의 이목과 시선을 잡아끈 일은 웹소설을 원작으로 하는 웹툰인 〈신과 함께 돌아온 기사왕님〉의 등장이었다. 2023년 5월 22일 첫 화가 올라온 이 작품은 장면 곳곳에 AI 사용이 의심된다는 정황이 사람들 사이에서 회자되면서 엄청난 이슈 몰이를 했다. 그간 네이버 웹툰이 AI 기술을 꾸준히 준비해왔음에도 독자들은 사람이 직접 그리지 않고 남의 그림을 훔쳐다가 훈련시킨 그림으로 돈을 번다는 생각에 분노했다.

거의 같은 시기에 열린 네이버의 '지상최대 공모전'이 AI 활용에 제한을 두지 않았다는 점으로 거센 비판에 직면했다. 사람들은 네이버가 AI 개발에 나서 왔던 점까지 들어 AI를 웹툰 연재에 직접적으로 동원하려는 것이 아니냐는 의심을 제기했고, '도전만화'에 AI 웹툰을 보이콧한다는 문구를 도배하는 등 거세게 반발했다. 2022년 말 재담미디어와 손잡고 본인의 만화 4천여 권을 AI에 훈련시키기로 한 이현세 또한 후배 작가들과 독자들에게 배신자라는 비난을 받았다.

예상 외의 반응에 네이버를 비롯해 AI와 만화의 접목을 꾀했던 업계 전반에는 당황하는 기색이 역력했다. 네이버 웹툰은 지상최대 공모전의 2차 접수 요건에서 생성형 AI 기술을 사용할 수 없다는 내용을 추가하고 작품 창작에 이미지 생성형 AI를 활용하지 않는 방향을 지향한다고 밝히기도 했다. ≪BizFACT≫의 2023년 6월 18일자 「'AI 웹툰' 성급했나…네이버-카카오, 거센 반발에 '화들짝'」 기사에 따르면, 네이버 웹툰과 카카오엔터테인먼트는 AI의 사회적 합의 마련에 맞춰 관련 규정 등을 마련해 나간다는 구상을 밝히고 있다. 가이드라인 자체가 없는 상황에서 벌어진 반발에 다급히 입장을 정리해 나가고 있었던 셈이다. 네이버 웹툰은 네이버 연재작이 AI 훈련용으로 쓰일 우려에 대한 답안을 내어놓았는데, ≪디지털 데일리≫ 2023년 8월 24일 자 기사에 실린 김준구 네이버 웹툰 대표의 발언이 그것이다.

기사와 같은 날 열렸던 팀네이버 콘퍼런스 단(DAN) 23에서 김준구 네이버 웹툰 대표는 "논란이 없으면서도 실제 창작 현실에 적용할 수 있게 접근하겠다", "네이버 웹툰만이 가진 콘텐츠 데이터를 기반으로 특정 작가 이미지를 학습해 그 작가만을 위한 툴을 지속해 만들 예정"이라고 밝혔다. 이어서 네이버 웹툰은 AI에 네이버 웹툰이 무단으로 훈련되는 일을 막는다는 기술도 개발하겠다 하였는데, 그 기술을 2024년 4월 2일 '웹툰 AI 임파스토(Impasto)'라는 이름으로 특허청에 등록하여 이슈에 실제로 대응하고 있음을 드러냈다. 여기에 이용자의 그림을 입력하면 적은 수로도 특징을 잡아 훈련하여 이용자 본인만 활용할 수 있게 하는 AI 만화 제작 도구인 젠버스(Genvas)의 사례 등 관련 업계는 2023년 불거진 논란을 강하게 의식하는 추세다.

과도기의 경탄과 공포 사이에서 직시해야 할 것들

이와 같은 일련의 움직임은 지극히 과도기적인 측면이 있다. 무주공산 같은 상황에서 새 시대의 주도권을 쥐려는 업체들의 경쟁과 창작자의 권리라는 이질적인 문제가 어지러이 부딪치면서 생기는 잡음인 셈이다. 여기에 감히 직접 손을 움직이지 않은 그림으로 내 돈을 가져가려 하느냐며 눈에 불을 켜고 감시하기 시작한 일부 독자들의 목소리도 한몫을 단단히 한다.

독자 쪽에서 나온 분노 모두가 창작자 권리 문제에 닿아 있는 것은 아니다. 웹툰 플랫폼들의 AI 접근이 '과도한 작업을 AI로 줄여 줄게'라면서 '과도한 작업' 자체가 선결해야 할 문제라는 점에서는 눈을 돌려놓는다면, 독자들의 'AI로 만드는 그림 따위로 쉽게 돈 벌지 말라'는 목소리 또한 만화 작업이 '쉬울 수 있을' 방법 자체를 원천적으로 차단한다. ≪연합뉴스≫ 2월 18일 자 기사 「우후죽순 늘어난 인공지능 신기술…독자는 왜 AI웹툰 거부할까」를 비롯해 언론들은 AI에 대한 독자들의 반감을 작가와의 유대감 저해와 낮은 가독성이라는 측면에서 해석하곤 하지만 본질은 다른 곳에 있다.

네이버가 2021년 웹툰 AI 페인터를 내어놓으면서 AI

개발의 목표로 '창작 환경 개선'보다 '아마추어 창작자 풀을 넓히는 것'에 맞춰져 있음을 밝혔던 점까지 보자면, 본질적으로 이 문제에 만화 창작자 외의 어느 누구도 만화 창작자를 생각하고 있지 않음을 보여 준다. 이 사안을 보도한 ≪매일경제≫ 2021년 10월 20일 자 기사 「"그림 못 그려도 누구나 웹툰 작가 된다"」의 제목은 따옴표가 보여 주듯 기자의 해석만이 아니라 시장 지배적 사업자 측의 발상이자 업계 전반의 기술적 접근이 어디에 닿아 있는지를 명확히 한다. 이 상황에서 막상 창작자가 AI에 대한 이해를 도모하지 않고 그저 당혹해하거나 분노만을 드러내는 것에 어떤 의미가 있을까? 후배와 독자들의 비난에 직면했던 이현세가 이 사안에 어떤 마음으로 접근하는지를 보는 건 그런 점에서 주목할 만하다. ≪연합뉴스≫ 2023년 11월 30일 자 「이현세 "'공포의 외인구단' 40주년…애니부터 NFT까지 계획"」은 같은 날 열렸던 '라이선싱 콘 2023 라이브토크' 행사에서 있었던 발언들을 소개하는데 그중 한 부분이 다음과 같다. "자동차를 놔두고 소달구지를 타고 다닐 수는 없다", "AI는 피한다고 피할 수 있는 문제가 아니다. 그것이 제가 AI (활용을) 택한 이유".

이 책이 말하고자 하는 바도 이현세의 말과 맥락을 같

이한다. 이 책은 경탄과 공포가 교차하는 이 기회와 우려의 갈림길 앞에서 모두가 직시해야 할 바가 무엇인지, 마구마구 진도를 나가고 있는 현상 이면의 계산이 무엇인지, 끌려가기만 하지 않으려면 어떻게 해야 하며 반대만 하지 않으려면 또 어떻게 해야 하는지 등 AI와 만화라는 조합에서 나올 수 있는 다양한 화두에 대한 탐색을 진행하고 있다.

회차 소개 ① 1장~4장: 시대의 개막과 쓰임새의 확인

이 책의 열 꼭지는 AI와 만화가 만났던 시발점에서부터 연구실을 넘어 현업에 깊숙하게 들어오게 된 현재에 이르는 다양한 이슈와 그 안에서 진짜로 주목해야 할 점들, 그리고 이슈 한복판에 서 있는 국내외 인물들에 대해 조명한다.

시작을 여는 1장 "만화 제작의 중심으로 들어온 AI"에서는 알파고와 이세돌의 대국을 비롯해 AI가 본격적으로 대중 앞에서 존재감을 드러내던 시기에서부터 이야기를 풀어놓으면서 인간만이 가능한 무언가의 마지막 보루같이 여겨지던 예술, 나아가 만화 창작에 AI가 적용되기 시작한 상황을 조명한다. 불과 몇 년 사이에 연구실과 논문에 머물던 개념들이 상용 프로그램 속에서 살아 움직이고 이용자들도 이를 아무렇지도 않게 쓰기 시작하는 상황 자체는 기본적인 나열만으로도 숨 가쁘지만, 그만큼 이 사안이 얼마나 짧은 시간 안에 치열하게 전개되고 있는 일인가를 확인할 수 있다.

2장에서는 "AI 만화 시대를 달리는 이름들"을 다룬다. 말 그대로 AI와 만화라는 화두에서 빼놓을 수 없는 이름들을 다룬다. 만화가는 아니지만 이미지 생성형 AI인 미드저니로 만든 일러스트레이션으로 상을 받음으로써 예술가의 영역에 불쑥 들어온 AI라는 화두에 불을 붙인 당사자인 미국의 제이슨 앨런(Jason M. Allen), 그 직후 미드저니로 뽑은 그림으로 완성된 일정 분량의 만화를 만든 일본의 루트포트(Rootport), 역시 미드저니로 만든 만화로 저작권 등록을 시도하며 AI를 이용한 그림의 저작권을 어디까지 인정해야 하는지 거센 논란을 일으킨 미국의 크리스 카슈타노바(Kris Kashtanova), 그리고 AI로 영생을 꿈꾸기 시작한 한국의 대표 만화가 이현세, 그리고 AI 없이는 불가능했을 '2020년에 신작 〈파이돈〉을 내어놓은 1989년 사망자, 일본 만화의 신 데즈카 오사무'에 이르는 이야기들을 담았다.

3장 "만화 제작에 쓰인 이미지 생성형 AI"는 달리와 미드저니, 스테이블 디퓨전 등 만화 제작에 쓰인 AI들의 기술적 특징과 실제 적용 사례들을 훑는다. 특히 초반 AI로 만든 만화로 화제를 모았던 〈사이버 펑크 모모타로〉와 〈새벽의 자리야〉가 이용한 미드저니, 그리고 오픈 소스로 데즈카 오사무의 대표작 〈블랙잭〉의 새 에피소드 〈블랙잭: 기계의 심장—하트비트 마크II〉에 쓰이는 등 활용성과 확장성을 유감없이 보여 주고 있는 스테이블 디퓨전을 소개한다.

4장 "AI와 만화 기획의 만남"은 AI와 만화라 했을 때 가장 먼저 떠올리는 그림 이외의 이야기다. 만화에서는 그림 그리기에 앞서 구상에서 플롯, 스토리 등이 없으면 시작이 되지 않는다. 이 사전 단계에는 거대 언어 모델(large language model, LLM)에 바탕을 둔 대화형 AI들이 주로 쓰이는데 챗GPT(chatGPT)가 대표적이고 2024년 후반 들어서는 스토리 창작자들 사이에서 퍼플렉시티AI(Perplexity AI)가 할루시네이션(Hallucination: 환각) 현상이 적고 질의에 대해 상당한 품질의 답변을 잘 정리해 주어 기획 단계에 쓸 만하다고 주목받고 있다. 4장은 이러한 대화형 AI가 직접적으로 프로페셔널한 만화 창작에 쓰인 TEZUKA2023 프로젝트를 중점적으로 다룬다.

회차 소개 ② 5장~7장: 충돌과 논란

5장부터 7장까지는 AI와 만화의 접목에서 발생한 충돌과 논란을 다룬다. AI의 접목을 통해 만화가 닿게 될 곳이 이상향일지 절망향일지는 아무도 모른다. 그렇기 때문에 누구도 답을 내리지 못하는 상황에서 갖가지 문제점을 발견하고, 또 싸우게 되는 것이다.

5장 "AI와 저작권 침해"는 AI와 이미지에 관련한 충돌 가운데 대부분을 차지하고 있는 저작권에 관련한 이야기다. AI가 훈련하는 데에 들어간 이미지들이 허락을 받거나 대가를 치르지 않았다는 의혹은 시각 예술을 창작하는 입장에서 좌시할 수 없는 근본에 해당하지만, 또 한편으로 일일이 법정에 서기도 어렵고 선다고 하더라도 명확한 침해를 증명하기가 어려운 일들이 많아 증거 불충분이라는 결론이 나오곤 한다. 여기에 생성해 낸 산출물의 저작권은 또 어떻게 설정해야 하는가에 대한 논란도 나온다. 5장에서는 작가들이 낸 소송의 전개와 더불어 크리스 카슈타노바의 〈새벽의 자리야〉 저작권 취소-재등록 등 첨예한 충돌이 일어나고 있는 사건들을 짚어본다.

6장 "만화 독자발 러다이트 운동과 그 이면"은 AI 웹툰 보이콧 운동과 AI 의심작 색출에 나선 만화 독자들의 행태가 보여 주는 표면적 의미와 그 이면에 대해 짚는다. 특히 이 거대한 논란의 중심에 선 네이버 웹툰 〈신과 함께 돌아온 기사왕님〉을 둘러싼 왈가왈부를 통해 이 사안이 단지 AI를 썼다 안 썼다에만 머무를 것이 아니며, 논란의 원인이 함부로 편해지고 돈을 똑같이 받는 데에 따른 분노에 가깝다는 점을 파헤친다.

7장 "AI와 만화 노동 환경의 상관관계"는 6장에서 파고든 독자들 관점에서의 만화 노동관에 이어서 AI를 웹툰에 접목하려는 업체들에 초점을 맞춘다. 업체들의 목적은 단순노동을 기계에 맞추라는 것이지만, 실제로는 창작자들의 노동 강도에 대한 원론적인 고찰이 아니라 1주일 총천연색 채색 원고를 70~100컷이나 그려야 하는 암묵적 규율을 그대로 놔 둔 채 그 규율에 본인을 맞추기 위해 AI를 쓰자는 것에 가깝다는 사실을 고발한다.

회차 소개 ③ 8장~10장: 쓰임과 역할

후반부인 8장에서 10장까지는 여러 논란 속에서도 이미 돌아갈 수는 없게 된, 심지어는 익숙해지기까지 한 AI 시대 속에서 만화가 어떻게 쓰이고 또 어떤 역할을 하게 될 것인가에 대한 고찰이다.

8장 "마케팅 도구로서의 AI 만화"는 이미지 생성형 AI

가 저비용 마케팅 도구로서 활용되고 있는 외부의 현상과 함께, 거의 같은 맥락에서 저렴한 비용에 맞추어 적은 노력으로 마케팅 콘텐츠를 만들 수 있다는 점에 방점을 찍고 있는 여러 AI 만화 도구를 소개하고 이들이 효과를 보기 위한 전제 조건이 무엇인지를 말한다.

9장 "AI 만화의 한계"는 결국 품질 좋은 '작품'을 만들려 할 때엔 인간이 더 강하게 개입해야만 하는 AI의 역설을 다룬다. 특히 AI 관련 업체들이 하나같이 내걸고 있는 '그림을 그리지 못해도 스토리만 잘 쓰면 만화를 만들 수 있다'라는 것이 빠트리고 있는 것이 무엇인지를 날카롭게 파고들었다.

마지막 장인 10장 "AI 시대 만화 창작의 위치와 역할"에서는 이미 돌아갈 수 없게 된 이 시대의 변곡점이 만화에 건네는 질문을 옮겨 독자에게 던져 보았다. 만화를 만드는 데에는 지금까지 다양한 도구와 방법들이 명멸해왔는데, AI 또한 이제 방법으로 추가되었고 무시하기 어려울뿐더러 무르거나 배제할 수조차 없게 되었다. 그렇다면 만화를 만드는 이들에 만화 창작자라는 정체성만이 존재한다고 단언할 수 있을까? 일각에서는 매우 불편하겠으나 넘길 수 없는 만화 창작의 현주소에 대한 이야기를 담았다.

AI 시대의 만화, 첨예하지만 섬세하게 다루기

만화를 둘러싼 논쟁들은 어느 하나 무겁고 아프지 않은 적이 없었지만, AI처럼 싸워야 할 대상이 명확한 것도 아니고 우리를 어디로 끌고 갈지 알 수조차 없으며 심지어 인간도 아닌(!) 대상을 맞닥뜨린 경우는 대체 뭘 어찌해야 할지 난감하기 이를 데 없다. 이 책에서 글쓴이는 그 여러 논점을 균형 있게 다루면서 대상을 납작하게 바라보는 우를 저지르지 않으려 했으며, 선명한 해답을 하나 들고나와 흔들려 하지도 않았다.

한때 프로그래밍을 했던 사람으로 기술 결정론에 입각한 만화의 진보에 다소 매몰되어 있던 때가 있었다. 기술이 문화 예술인 만화의 창작 환경과 소비 환경을 좋게 만들 수 있으리라는 기대에 젖어 여러 기술적 이야기를 꺼내고 어째야 하네 저째야 하네 하며 열을 올렸다. 오판이었다. 사람을 빼놓고 기술 이야기를 하면 기술만 남는다. 재미도 즐거움도 없다. 인간의 유희에는 인간의 욕망이 결부되어 있는데 그 부분을 자꾸 놓쳤던 것이다. AI는 그런 반성 앞에 다시 당도한 기술 이슈다. 쓰는 과정에서 달뜨지 않으려 노력했고, 또한 '만들기', '생성'과 '창작'의 차이 등 언어를 고르는 데에도 매우 신경 썼다. 이 첨예한 주제를 할 수 있는 한 최대로 섬세하게 다루려 했던 마음을 독자 여러분께서 봐 주실 수 있다면 감사하겠다.

이 짧은 책 안에 AI와 만화에 대한 이슈를 모두 담았다고 할 수는 없지만, 2024년 겨울이라는 현재(집필 시점 기준)까지의 화두를 총정리했다는 데에 의미가 있다고 생각한다. 분명 2025년의 이맘쯤에는 또 완전히 다른 이야기를 하고 있겠지만, 그때가 있기 위해선 지금이 있어야 했을 테니까. 그런 마음으로 인사를 마치고자 한다.

참고문헌

이나연(2024.4.2). 네이버웹툰, '작품 무단 학습 AI' 막는 모델 선보인다. ≪디지털데일리≫, https://ddaily.co.kr/page/view/2024040211292023640

최문정(2023.6.8). 'AI 웹툰' 성급했나…네이버-카카오, 거센 반발에 '화들짝'. ≪BizFACT≫, https://news.tf.co.kr/read/economy/2022911.htm

황순민(2021.10.20). [단독] "그림 못그려도 누구나 웹툰 작가된다"…네이버 '웹툰 AI페인터' 출시. ≪매일경제≫, https://www.mk.co.kr/economy/view.php?sc=50000001&year=2021&no=993693

01
만화 제작의 중심으로 들어온 AI

AI는 인간 최후의 보루였던 예술 창작까지 넘보기 시작했고, 만화도 예외는 아니었다. 자동 채색, 선화 추출, 배경 제작, 업스케일링 등 일부 부분에 쓰이기 위해 개발되던 AI가 만화 제작의 중심으로 들어오게 된 상황을 조명해 본다.

AI, 인간의 '이것만큼은'을 깨다

2016년 3월 9일부터 16일까지 하루 1국씩 5회에 걸쳐 벌어진 구글 딥마인드 챌린지 매치(Google Deepmind Challenge Match), 이른바 알파고 대 이세돌의 대국은 그야말로 상징적인 '사건'이었다. 1997년 체스 그랜드 마스터 가리 카스파로프(Garry Kasparov)가 IBM의 AI 딥블루에게 2승 1패 3무로 졌을 때만 해도 많은 이가 경우의 수가 훨씬 많은 바둑만큼은 컴퓨터가 이기지 못할 것이라고 여겼는데, 그 기대가 20여 년 만에 깨진 것이다.

온누리 반상을 휩쓸었던 바둑 천재 이세돌이 AI와 벌였던 대국은 많은 이에게 다양한 감정을 불러일으켰다. 미세한 틈새를 발견해 찔러 넣어 거둔 한 번의 승리가 있었지만, 그 외엔 어떻게 해도 이길 수 없을 듯한 벽을 현실에 마주하게 됐다는 현실이 눈앞에 놓였다. 지켜보던 많은 이가 느꼈을 감정이 어디 하나였을까마는, 공통으로 떠올린 생각만큼은 분명했다. 그건 바로 '이것만큼은 AI가 인간을 따라오지 못할 것이다'라는 인간만의 영역이 이제 곧 완전히 사라질 것이라는 예견이었다.

그 '이것만큼은'에 해당하는 최후의 보루로 여겨지던 것이 예술 창작이었다. 하지만 인간의 뇌가 작동하는 방식을 본뜬 딥러닝(deep-learning: 심층 학습)으로 막대한 데이터를 학습하는 AI의 가능성에 주목한 이들은 알파고에 놀란 가슴을 쓸어내릴 여지조차 주지 않고 결과물을 쏟아 내기 시작했다.

예술 창작에 접목되기 시작한 AI

인공지능을 이용한 예술 창작 시도는 이렇듯 학습 데이터의 확보와 활용의 용이성 때문에 문학 쪽이 앞서 많이 부각되었다. 2016년 일본에서 마쓰바라 진(松原仁)이 주도했던 AI 소설이 호시 신이치(星新一) 문학상 1차 심사를 넘긴 일이나 2017년 중국에서 마이크로소프트의 AI 챗봇 샤오빙이 『햇살은 유리창을 잃고(阳光失了玻璃窗)』라는 시집을 낸 일 등이 대표적이다. 하지만 비슷한 시기를 전후해 이미지 처리에서도 AI를 접목하는 사례들이 등장하기 시작했다. 먼저 2015년 일본에서는 와이푸2X(Waifu2X)라는 이미지 업스케일링(upscaling: 해상도 확대) · 잡티 감소 프로그램이 이미지 분석에 주로 활용되는 합성곱 신경망(convolutional neural network, CNN) 기능에 기반한 딥러닝을 이용해 개발되어 웹 서비스 형태로 공개되었다. 와이푸2X는 주로 만화나 애니메이션 등 작화된 2D 화상의 해상도를 높이는 것이 주목적인 서비스로, 서비스 홈페이지 자체에도 미소녀 캐릭터가 걸려 있어 주 활용층을 짐작게 한다. 이름에서 보이듯 손실 적게 해상도를 '2배 늘리기'를 내걸고 있다.

조금 더 만화에 전문적으로 활용될 만한 기술이 등장한 건 그 이듬해다. 2016년 4월 일본 와세다 대학의 이시카와 랩(Ishikawa Lab)에서는 정리되지 않은 형태의 연필선(러프 스케치) 단계의 그림을 입력하면 정리된 펜 선(선화)을 추출하는 기술과 흑백 사진을 자동으로 채색하는 기술을 담은 논문 두 편이 같은 해 컴퓨터 그래픽스 관련 기술 콘퍼런스인 시그래프(SIGGRAPH)에 채택되었다고 발표한다. 각기 "색이 있으라: 동시 분류를 통한 자동 이미지 컬러화를 위한 글로벌 · 로컬 이미지 프라이어의 공동 종단 간 학습(Let there be Color!: Joint End-to-end Learning of Global and Local Image Priors for Automatic Image Colorization with Simultaneous Classification)"과 "단순화 학습하기: 러프 스케치 정리를 위한 완전 컨볼루션 네트워크(Learning to Simplify: Fully Convolutional Networks for Rough Sketch Cleanup)"라는 제목으로 발표된 이 논문들은 각기 흑백 사진을 별도의 색 지정 없이 자동으로 총천연색 사진으로 채색해 출력하는 기술과 정리되지 않은 연필 선(러프 스케치) 단계 그림을 입력하면 정리된 펜 선(선화)을 추출하는 기술을 제시했다.

2017년 6월 21일엔 아카이브(arXiv.org)에 일본 도쿄대의 아이자와 기요하루(相沢清春)와 폴리나 헨스먼(Paulina Hensman)이 "단일 훈련 화상을 이용한 cGAN 기반 만화 컬러화(cGAN-based Manga Colorization Using a Single Training Image)"라는 연구를 발표한다. 이 연구는 조건부 생성적 적대 신경망(conditional-GAN, cGAN) 기술을 이용해 흑백 망점(스크린 톤)으로 명암을 처리한 완성 만화 원고에서 망점을 뺀 선화를 자동으로 추출한 후 색을 입히는 것으로, 흑백이 대부분인 일본의 출판 만화를 인적 노동을 이용해 디지털 환경에서의 활용성이 좋은 컬러 원고로 바꾸는 데에 시간과 비용이 많이 들 것이라는 점에 주목해 개발되었다. 이 연구는 cGAN만을 이용해 색을 덧칠할 때 해상도가 제한되고 흐릿해지는 단점을 대상 이미지의 세분화와 색상 보정을 통해 해결했는데, 저작권의 제약으로 훈련용 데이터가 부족함을 고려해 대규모 데이터 세트가 아니라 색 정보를 담은 단일 참조 이미지만을 훈련에 참조하는 형태로 개발되었다.

만화 제작에 본격 전진 배치 중인 AI

이와 같은 기술들이 연구실에서의 성과를 벗어나 만화 분야에서 본격 상용화하기 시작한 건 2018년을 전후한 시점부터다. 만화 제작용 도구로 가장 널리 쓰이는 클립 스튜디오의 제작사 셀시스는 2018년 11월 29일 클립스튜디오를 1.8.4 버전으로 업데이트하면서 '자동 채색' 기능을 추가했다. '전자동 채색'과 '힌트 화상을 사용하여 채색'을 지원하였는데, 화풍에 따라 의도와는 다른 채색을 보인다거나 색상 차이를 명확히 구분하지 않고 에어브러시로 뿌린 듯한 형태로 출력한다는 등의 한계는 있으나 상용화한 만화 제작 도구에 자동 채색 기능이 투입되었다는 데에 의미가 있다.

셀시스의 자동 채색 기능이 작가들의 직접적인 작업 시간 단축이라는 목표점으로 주목을 받는다면, 2021년 10월 19일 베타 버전으로 대중 전체에 직접 첫선을 보인 네이버 웹툰의 '웹툰 AI 페인터'는 "그림 못 그려도 누구나 웹툰 작가 된다"라는 ≪매일경제≫ 2021년 10월 10일자 관련 기사 제목이 보여주듯 웹툰 창작의 진입 장벽을 낮추는 데에 초점을 맞춘 자동 채색 기능이다. 웹툰 AI 페인터는 네이버 웹툰이 일본에서 2017년 출시된 인공지능 기반 자동 채색 · 연필선 단순화 서비스인 페인츠

체이너(Paints Chainer → 2020년 'Petalica Paints'로 변경)에서 아이디어를 얻어 같은 해 머신 러닝 학회인 NIPS에 2017년 발표한 "픽셀 단위 배경 분류를 통한 일관된 만화 채색(Consistent Comic Colorization with Pixel-wise Background Classification)"에 이어 출시한 AI 기술이다. 이들 기술은 2017년 12월 발표된 하일권의 인터랙션툰 〈마주쳤다〉에서 사진을 작중 캐릭터로 변환하는 기능, 그리고 불법 복제물을 추적하는 '툰레이더' 기술과 함께 네이버 웹툰이 AI를 본격적으로 활용할 것임을 선언하는 분기점이었다.

네이버 웹툰은 웹툰 AI 페인터 출시 이듬해인 2022년 2월에는 콘텐츠 관련 AI를 집중 연구하는 이른바 '웹툰 AI 팀'을 기존 기술 조직에서 분리하였으며 2023년 5월에는 사진을 웹툰 캐릭터로 바꿔 주는 툰 필터를 내어놓고, 2024년 7월에는 그 후속 서비스 격으로 웹툰 캐리커처라는 이름으로 자기 얼굴을 특정 작가의 웹툰 그림체로 바꿔 주는 웹툰 캐리커처 서비스를 유료로 출시했다.

네이버 웹툰이 웹툰 AI 페인터 이후 출시한 기능들은 툰레이더나 큐레이션 등을 제외하면 대체로 자사가 이용 권리를 확보한 저작물을 활용한 부가 가치 창출에 초점을 맞추고 있고, '인생네컷'류 스티커 사진의 유행과 비슷한 형태로 이용자들을 즐겁게 해 주는 역할로 인지되고 있다. 하지만 사실 해당하는 기술은 특정 작가가 작업한 2차원 도화의 특징을 대량으로 학습한 AI가 대상이 되는 실사 화상의 특징을 인식해 그럴싸한 형태로 변환하여 새로운 이미지로 생성한다는 점에서 기술적으로는 오히려 '채색'보다도 'AI를 활용한 만화 창작'의 본질에 더 닿아 있다.

AI에게 만화에 필요한 도화를 만들어 내게 하려면 첫째로 기계에 상황을 설명하든 변환할 무언가가 필요하고, 둘째로는 이를 어떤 스타일로 변환할 것인가에 대한 훈련된 데이터가 필요하다. 내 사진을 웹툰 캐릭터 스티커 사진으로 만들어 준다는 발상으로 유료화까지 성공시킨 현 네이버 웹툰의 사례는 서비스의 형태가 다른 것으로 포장되어 있을 뿐, 실질적으로는 AI가 이미 만화 제작 · 유통의 중심으로 실전 배치되고 있음을 시사한다. 다만 한층 더 본격적인 변환 결과를 내어놓기에는 학습 데이터의 저작권 문제, 그리고 독자들의 곱지 않은 시선이 장벽으로 다가오고 있다.

참고문헌

김진방(2017.6.1). "시까지 쓰는 AI"…MS 인공지능 '샤오빙' 중국서

시집 출간. ≪연합뉴스≫,
https://www.yna.co.kr/view/AKR20170601099000083
안별(2018.8.17). 이름·직업 입력했더니 소설이 '뚝딱'…KT, AI 소설 공모전 시상식 진행. ≪조선일보≫,
https://biz.chosun.com/site/data/html_dir/2018/08/17/2018081702623.html
임유진(2024.7.19). 졸라맨 그리면 원고가 뚝딱…네이버웹툰, '보조작가 AI'로 IP 확보한다 [K웹툰, 탈(脫)국경 보고서③]. ≪이투데이≫,
https://www.etoday.co.kr/news/view/2381592
조준형(2016.3.22). 소설창작까지 도전한 인공지능…日문학상 1차 심사 통과. ≪연합뉴스≫,
https://www.yna.co.kr/view/AKR20160321199800073
황순민(2021.10.20). [단독] "그림 못그려도 누구나 웹툰 작가된다"…네이버 '웹툰 AI페인터' 출시. ≪매일경제≫,
https://www.mk.co.kr/news/it/10066758
황현정(2024.4.11). AI 도장깨기 위협 속 네이버 웹툰이 AI 기술을 활용하는 방법. ≪디지털투데이≫,
https://www.digitaltoday.co.kr/news/articleView.html?idxno=513393
Hensman, P., & Aizawa, K.(2017). cGAN-based manga colorization using a single training image. doi:10.48550/arXiv.1706.06918
Ishikawa Lab Homepage, Waseda University,
https://hi.cs.waseda.ac.jp/index.php/en/

02
AI 만화 시대를 달리는 이름들

AI가 생성한 이미지로 미술 공모전에서 수상한 사례는 이미지를 활용한 모든 영역의 관계자와 종사자에게 영감을 불어넣었다. 당연히 AI를 활용해 만화를 만들어 내려는 이들도 등장하기 시작했다. 이 장에서는 AI 만화의 시대에서 주목할 만한 이름들을 거론해 본다.

데즈카 오사무

현대 일본 만화의 틀을 정립하여 '만화의 신'으로 추앙받는 데즈카 오사무(手塚治虫)는 1989년 2월 9일 위암으로 죽었다. 그런데 그런 그의 신작이 지난 2020년 등장했다. 데즈카2020 프로젝트(TEZUKA2020プロジェクト)가 발표한 〈파이돈(ぱいどん)〉이 그 작품이다.

〈파이돈〉은 2020년 2월 27일 고단샤(講談社)의 주간 만화 잡지 ≪모닝(モーニング)≫ 13호에 앞 편이 실리면서 세상에 발표되었다. 내용은 2030년 도쿄를 무대로 기억을 잃은 노숙자 파이돈이 로봇 새와 함께 미스터리한 사건에 맞서는 이야기다. 공개된 회차의 속표지에는 "AI가 해독하는 인간의 업보, 인류의 희망이 된 떠돌이, 여기 탄생!"이라는 문구가 적혀 있었다.

〈파이돈〉은 데즈카 오사무의 이름값 덕분이기도 하겠으나 무엇보다 죽은 작가의 신작을 인공지능으로 만든다는 기획의 신선함 때문에 일본 안팎에서 많은 화제를 모았다. 하지만 실제로는 우려 또는 기대와는 달리 결과물을 만드는 데에 사람의 손을 매우 많이 필요로 했다. 일단 데즈카 오사무의 장편 65편, 단편 13회 분량의 세계관과 시나리오 구조를 분석한 다음, 플롯(이야기 구조) 구성 프로그램으로 130여 개가량의 플롯을 만들고 나서 데즈카 오사무의 아들인 데즈카 마코토(手塚眞)와 시나리오 작가가 최종 시나리오를 작성했다.

캐릭터 디자인 또한 본래 실제 인물 사진을 바탕으로 새로운 인간의 얼굴을 만들어 내는 엔비디아(NVIDIA)사의 실사 얼굴 학습 모델을 응용해 데즈카 오사무의 작품 속 캐릭터 얼굴 도화를 수천 장 입력한 후 나온 결괏값을 참고해 인간 만화가가 만들어 냈다. 콘티 작업과 작화에 해당하는 작업도 전문 작가가 했다. 즉 2020년의 〈파이돈〉은 인공지능으로 죽은 만화의 신을 소환해 신작을 만들어 낸다는 매우 획기적인 발상을 '일단 구현은 해 보았다'는 정도의 이벤트로 기록되었다. 그러나 관건은 이야기와 연출과 도화라는 만화 창작의 구성 요소를 어느 선까지 기계로 해 볼 것인가에 대한 경험치를 그 시기의 기술을 활용해 원초적인 수준에서 쌓아 올렸다는 데에 의미가 있었다.

크리스 카슈타노바와 루트포트

〈파이돈〉은 키오시아(KIOXIA)의 주장에 따르면 "인간, 초고속 대용량 메모리와 앞선 AI 기술의 합작으로 완성된 최초의 세계적인 만화"로 2021년 6월 22일 일본 인공지능학회(JSAI) 현장 이노베이션상 은상을 수상하며 시도에 대한 평가를 받았다. 하지만 〈파이돈〉은 등장 이후 AI가 이미지 생성 기술에 어떻게 쓰이는가를 보면 좋게 말해 선구적이고 달리 말해 지나치게 앞서 나갔던 기획에 가까웠다. 물론 결과론적인 이야기다. 2020년만 해도 이듬해, 그리고 그 이듬해 이후의 상황이 어떻게 변할지는 누구도 상상조차 할 수 없었기 때문이다. 결정적으로 2021년부터 잇따라 등장한 달리(DALL-E)와 미드저니(Midjourney), 스테이블 디퓨전(Stable Diffusion)은 완성된 회화풍 이미지를 인물 화상까지 포함해 생성한다는 점에서 그 이전과는 차원이 다른 질적 수준과 활용성을 보여 주었다.

자연히 이 도구들의 가능성에 주목한 이들이 시동을 걸기 시작했다. 시작점을 끊은 건 제이슨 앨런(Jason M. Allen)이다. 게임 기획자인 그는 2022년 8월 미국 콜로라도 주립 박람회 미술 대회 디지털 아트 부문에 석 점을 출품했는데, 그 가운데 하나인 〈스페이스 오페라 극장(Theatre D'opera Spatial)〉이 1등을 차지했다. 이 이미지는 제이슨 앨런 본인이 직접 그린 창작품이 아니라 100% 미드저니를 활용한 생성물이었던 탓에 일부 예술가들에게 부정행위라고 비판받았으나, 주최 측은 창작 과정에서 디지털 기술을 활용한 어떠한 예술 행위도 용

인한다는 규정을 들어 인정했다.

제이슨 앨런이 당긴 불씨는 곧바로 만화로 옮겨붙었다. 여기서 주목할 만한 이름이 둘 등장한다. 하나는 2022년 8월 〈사이버 펑크 모모타로: 나비의 꿈(サイバーパンク桃太郎: The Butterfly Dream)〉을 공개한 〈여기사, 경리가 되다(女騎士､経理になる｡)〉, 〈신이라 불린 오타쿠(神と呼ばれたオタク)〉, 〈회계가 움직이는 세계의 역사(会計が動かす世界の歴史)〉 등의 원작자/저자 루트포트(Rootport)고, 다른 하나는 2022년 9월 〈새벽의 자리야(Zarya of the Dawn)〉를 발표한 미국 뉴욕의 예술가이자 프로그래머 크리스 카슈타노바(Kris Kashtanova)다. 둘 다 미드저니를 이용했으며, 당시의 미드저니가 지니고 있던 기술적 한계 선상에서 만화의 특징이라 할 여러 칸 속에서 인물의 일관성을 만들어 내기 위해 다양한 시도를 했다. 루트포트는 이미지 생성을 위해 키워드를 적는 텍스트 프롬프트(text prompt)에 머리 색이나 대사를 비롯한 캐릭터 고유의 특징을 부여하는 한편, 캐릭터 디자인 시트(character design sheet of ~)를 활용하는 방식을 썼고, 크리스 카슈타노바는 말로 설명해야 하는 키워드 대신에 이미지를 입력해 결괏값을 유도하는 이미지 프롬프트(image prompt)를 활용한 것으로 알려져 있다.

루트포트의 〈사이버 펑크 모모타로〉는 2023년 3월 9일 일본의 신쵸샤(新潮社)가 단행본으로 출간하며 발표한 보도 자료에서도 첫머리에 강조하고 있듯 '세계 최초 이미지 생성형 AI로 그려진 풀 컬러 만화'로 기록되었다. 이 작품은 "2022년 8월 당시에 AI가 할 수 있었던 것을 보존하기 위해"라는 이유로 따로 갱신하지 않음으로써 책이 나올 무렵에는 이미 구현 수준이 아득히 달라진 이미지 생성형 AI의 과거와 현재를 확인할 수 있는 증거가 되었다. 한편, 크리스 카슈타노바의 18쪽짜리 그래픽 노블 〈새벽의 자리야〉 또한 미국 저작권청에 2022년 9월 15일 등록된 것이 알려지면서 인공지능으로 제작한 만화를 저작권 기관에 등록한 세계 첫 사례이자, 또한 이에 대한 인정 여부로도 화제를 모았다.

이현세

2022년 10월 만화 에이전시 겸 제작사인 재담미디어는 'AI 이현세' 프로젝트의 발족을 알렸다. AI 이현세 프로젝트는 〈공포의 외인구단〉을 그린 이현세가 44년간 그린 4,174권 분량의 원고를 AI에 학습시켜 AI로 하여금 이현세의 그림과 만화를 구현하겠다는 구상이다.

AI 이현세에 대한 이현세의 생각은 2023년 11월 30일

강남구 코엑스에서 열린 "라이선싱 콘 2023 라이브 토크"에서 박석환 재담미디어 이사, 한창완 세종대학교 교수와 함께 '만화가 이현세의 차세대 IP 플랜'이라는 주제로 진행한 대담에서 읽을 수 있다. 이날 발언은 AI 관련 언론인 ≪AI미디어≫가 2023년 12월 1일 자 기사에서 소개하고 있는데, 이 자리에서 이현세는 "나는 죽어도 내 세계관과 그림, 생각은 살아남아 50년, 100년 뒤에도 그 시대 사람들과 소통을 이어 나가는 것은 매우 통쾌하고 신나는 일"이라면서 AI와 관련해 "유한한 생명에 대한 통쾌한 복수 같은 것"이라고 유머러스하게 간주했다. 이날 나온 "우리는 언젠가 죽는다. 내가 죽어도 내 화풍이 그대로 살아남아 디즈니 할아버지처럼 내 캐릭터들이 계속해서 재창조되면 영생을 사는 것과 마찬가지"라는 발언에서는 만화가가 AI를 어떻게 받아들여야 할지에 대한 답 가운데 하나를 보여 주고 있다.

재담미디어가 AI 스타트업 오노마AI(Onoma AI)와의 협업을 통해 개발 중인 AI 이현세는 어설프게 그려도 이현세풍 그림으로 바꾸어 주는 드로잉 프롬프트를 지원한다. 이는 루트포트의 텍스트 프롬프트, 크리스 카슈타노바가 적용한 이미지 프롬프트와 달리 직접 그린 그림을 바로 변환하는 방식이다. 2024년 5월 10일부터 7월

31일까지 서울의 국립중앙도서관에서 열린 "이현세의 길: K-웹툰 전설의 시작 특별전"에서는 AI 이현세가 학습한 데이터가 어떻게 쓰일지를 직접 확인할 수 있는 체험존이 마련된 바 있는데, 이곳에는 관람객이 직접 그린 그림으로 이현세풍 그림을 만들 수 있는 라이브 드로잉 'AI×이현세'와 관람객의 얼굴을 로봇 팔과 펜을 이용해 이현세풍 캐리커처로 그려 주는 'AI 로봇 캐리커처'가 등장해 눈길을 끌었다.

그렇다면 이현세가 AI를 통해 달성하고자 하는 것은 무엇일까. 이현세는 2024년 10월 31일 강남구 코엑스에서 열린 "AI 콘텐츠 페스티벌 2024"의 부대 행사로 열린 "AI기술을 통한 콘텐츠 IP 확장" 대담에서 역시 박석환, 한창완과 함께 AI 이현세와 관련한 이야기를 진행했다. 그곳에서 밝힌 내용을 SBS가 행사 당일 보도한 바에 따르면 이현세의 목표는 세 가지다. 첫째는 이현세 대신에 AI가 만화를 창작하는 것이고, 둘째는 이현세 본인이 교수로 재직했던 세종대학교의 학생들이 자신의 만화를 재해석해 AI로 작업하는 것, 그리고 세 번째는 재담미디어에서 〈아마게돈〉이나 〈공포의 외인구단〉을 리메이크하는 것이다.

참고문헌

김지연(2022.9.4). 美 미술전서 AI가 그린 그림이 1위…"이것도 예술인가" 논란. ≪연합뉴스≫, https://www.yna.co.kr/view/AKR20220904008400009

김호준(2023.8.31). 이미지 생성 AI, 대표 모델과 이슈는?. ≪IT DAILY≫, http://www.itdaily.kr/news/articleView.html?idxno=216389

이상덕(2023.4.10). "창작물의 정의는" 챗GPT가 소아올린 AI 저작권 논쟁. ≪매일경제≫, https://www.mk.co.kr/news/it/10708713

이주영(2023.12.1). 이현세 작가 "AI로 유한한 생명에 통쾌한 복수…사후에도 내 캐릭터는 계속 탄생할 것". ≪AI타임스≫, https://www.aitimes.com/news/articleView.html?idxno=155589

조성현(2024.10.31). 이현세 "까치·엄지·마동탁의 영생을 위해 AI와 손잡아". ≪SBS≫, https://news.sbs.co.kr/news/endPage.do?news_id=N1007855785&plink=ORI

KIOXIA Corporation(2021.6.22). KIOXIA 의 AI 프로젝트, 2020년 일본 인공지능학회 현장 이노베이션 상 은상 수상. https://kr.kioxia.com/content/dam/kioxia/ko-kr/about/news/2021/asset/kic-news-20210622-1-kr.pdf

西尾泰三(2023.3.9). 画像生成AIで描かれた『サイバーパンク桃太郎』、実験的な漫画制作から見えたこと Rootportインタビュー, ねとらぼ, https://nlab.itmedia.co.jp/nl/articles/2303/09/news027.html

手塚治虫 OFFICIAL(2023.11.7). AI×ヒトで挑む、TEZUKA2023「ブラック・ジャック」新作週刊少年チャンピオン52号（11/22発売）掲載決定, 虫ん坊, https://tezukaosamu.net/jp/mushi/entry/26751.html

株式会社新潮社(2023.3.9). 世界初、画像生成AIで描かれたフルカラーコミック『サイバーパンク桃太郎』ついにコミックス発売！#桃太郎チャレンジも実施中. ≪PR TIMES≫, https://prtimes.jp/main/html/rd/p/000000918.000047877.html

Kris Kashtanova Homepage – Portfolio. https://www.kris.art/portfolio-2/project-one-ephnc-jamy8

03
만화 제작에 쓰인 이미지 생성형 AI

일찍이 만화를 만드는 데에 쓰여 화제를 모았던 미드저니와 설치형 AI 이미지 생성기로 확장성 측면에서 주목받는 스테이블 디퓨전 등 AI로 만화를 만드는 데에 주로 쓰이고 있거나 접목할 만한 이미지 생성/처리 AI들의 특징과 사례를 소개한다.

달리와 미드저니

2021년 1월 AI 기반 이미지 생성기로 살바도르 달리(Salvador Dalí)의 이름을 딴 달리(DALL-E)가 등장했다. 2022년 2월엔 이미지 생성 AI 미드저니가 첫 버전을 내어놓았으며, 그해 4월 달리의 두 번째 버전이 나온다.

이에 앞선 2019년 엔비디아가 GAN 기술을 이용한 풍경 이미지 합성기로 프랑스 화가 폴 고갱(Paul Gauguin)의 이름을 따 개발한 고갱(gauGAN)이 화제를 모은 바 있다. 그러나 고갱이 객체 종류를 골라 적당히 선을 그으면 이를 유추해 그럴싸한 실사풍 풍경 이미지로 합성해 주는 서비스였다면, 달리와 미드저니는 프롬프트(prompt)를 넣어 이용자가 보고자 하는 장면을 전달하면 이를 분석해 완성된 회화풍 이미지를 생성하기 시작했고 그 속에서 풍경은 물론이고 인물과 인공 구조물까지도 표현했다.

이미지 생성 AI 관련 이슈에서 화제를 모았던 만화 〈새벽의 자리야〉와 〈사이버 펑크 모모타로〉는 물론이고 이 물결의 시작을 알린 콜로라도 주립 박람회 미술 대회에서 1등을 수상한 디지털 아트 〈스페이스 오페라 극장〉이 모두 미드저니를 이용한 결과물이었던 건 크게 두 가지 이유가 있다. 하나는 미드저니가 2022년이라는 이미지 생성 AI의 여명기를 연 서비스 중 하나로, AI로 무엇이 가능한지를 보여 준 해당 시기의 선두 주자였다는 점이고, 또 다른 하나는 그 결과물의 품질이 '출품'이나 '출판'이 가능하다고 여겨질 만큼 당시로서는 훌륭해 보였기 때문이다.

물론 미드저니만이 아니라 달리도 점점 대중을 상대하는 콘텐츠 속에서 쓰이는 사례들을 보이기 시작했다. 2023년 중반부터 가수 윤종신이 자신의 대중음악 프로젝트인 〈월간 윤종신〉의 표지에 달리로 생성한 이미지를 채용했던 게 대표적인 사례다. 그럼에도 미드저니가 초반에 만화 제작에 적극적으로 채용된 것은 미드저니와 달리의 스타일 차이 때문이다. 두 서비스는 점차 서로가 다양한 스타일을 폭넓게 지원하게 됐지만, 등장 초반에는 달리가 CG 내지는 합성 사진 같은 이미지를 만드는 데에 능하고 미드저니는 사람이 손으로 그린 회화 같은 이미지에 비교적 능하다는 평가가 있었다. 미드저니의 하위 모델에 일본 만화/애니메이션 스타일 2차원 미소녀 캐릭터에 특화한 니지저니(Nijijourney)가 있다는 점을 보면 주 지향점의 차이를 명확하게 확인할 수 있다.

그런데 이미지 생성 AI가 비교적 빠른 기간 안에 재미를 넘어 상업 콘텐츠에도 본격적으로 활용되기 시작한 까닭은 비단 품질 때문만은 아니다. 〈새벽의 자리야〉를 만든 크리스 카슈타노바는 참조 이미지를 입력하는 이미지 프롬프트(image-to-image)를, 〈사이버 펑크 모모타로〉를 만든 루트포트와 〈스페이스 오페라 극장〉을 만든 제임스 앨런은 문자열을 직접 입력하는 텍스트 프롬프트(text-to-image)를 활용했다. 이들 프롬프트가 뜻하는 바는 바로 인간의 '의도'와 '목표'다. 이미지 생성 AI들은 등장 초반부터 인간의 의도와 목표를 만족도 높게 시각적으로 구현할 수 있는데 속도도 빠르고, 또한 금전과 자원이 허락하는 한 계속해서 결과물을 뽑아낼 수 있음을 보여 주었다.

산출물을 의도에 따라 다량으로 만들 수 있다면 다량의 이미지를 엮은 시각 콘텐츠의 제작이 가능하다는 결론에 이르는 것은 어찌 보면 너무나 당연한 일이다. 〈스페이스 오페라 극장〉 이래 얼마 안 있어 〈새벽의 자리야〉와 〈사이버 펑크 모모타로〉 등 AI를 활용한 '만화'가 곧바로 세상에 나온 점은 이를 증명한다.

스테이블 디퓨전

달리나 미드저니가 보여 준 여러 프롬프트 방식을 거의 그대로 쓸 수 있으면서도 내 컴퓨터에서 용량과 컴퓨팅

자원이 허락하는 한 이미지를 끊임없이, 게다가 무료로 뽑아낼 수 있는 이미지 생성 AI가 있으니, 바로 스태빌리티AI(Stability AI)의 스테이블 디퓨전이다.

미드저니와 달리가 별도의 서비스 업체 접속을 필요로 한다면 스테이블 디퓨전은 기본적으로 직접 설치하는 형태를 띤다. 따라서 보안 면에서는 우위를 보이지만 다른 한편으로는 비교적 GPU 등에서 고사양을 지원하는 컴퓨터가 필요하기 때문에 그래픽 카드 등에 들어가는 초기 비용이 상당히 높다. 개선되고 있다고는 하나 그래픽 카드 성능에 얽매이는 건 어쩔 수 없다. 특정 스타일을 훈련한 모델 파일들의 크기가 상당히 큰 편이기 때문에 하드 디스크 등 저장 장치의 용량도 상당히 많이 확보해야 한다. 많은 배포판의 경우 프로그래밍 언어인 파이선(Python) 등을 설치해야 하는 등 컴퓨터를 잘 모르는 사람에겐 설치부터가 까다롭다.

그럼에도 스테이블 디퓨전이 이미지 생성 AI 가운데 각광받는 까닭은 오픈 소스라는 특성 덕에 개발자들 속에서 매우 빠르게 변화하고 발전하고 있기 때문이다. 이용자들이 직접 학습시킨 다양한 모델이 쏟아져 나오고 있어 다양하게 적용해 볼 수 있고, 입력한 참조 이미지 속 피사체의 자세를 AI로 파악 · 복제해 목적한 자세를 지닌 인물 이미지를 생성할 수 있는 컨트롤넷(ControlNet)과 같은 강력한 확장 기능을 붙일 수 있는 등 이미지 생성에 필요한 다양한 요구 조건이 계속해서 개발되고 있다. 또한 로라(LoRA: low-rank adaptation의 준말로, '낮은 랭크 적응'이라는 뜻)라 불리는 모델 미세 조정 훈련법은 여러 이미지를 학습시켜 그와 유사한 스타일이나 그림체로 스테이블 디퓨전에서 새로운 이미지를 계속해서 생성해 낼 수 있게끔 한다.

여기에 새로 등장하는 접목 기술들은 스테이블 디퓨전의 단점을 계속 없애 나가고 있다. 콤피UI(ComfyUI)는 의도에 부합하는 결과물이 나올 때까지 프롬프트를 계속 바꿔 입력해야 하는 굴레에서 벗어나 이미지 생성의 과정과 결과를 노드(node) 방식으로 직접 세밀하게 조정하는 한편, 작업 과정을 공유하여 일관성 있는 이미지를 생성할 수 있게 해 주고, 플럭스(FLUX) 모델은 복잡한 설정 없이도 자연스럽게 생동감 있는 인물상을 손가락 오류 따위를 줄이며 표현할 수 있게 한다. 강동대학교 만화애니메이션콘텐츠학과 김한재 교수가 2024년 4월 성안당에서 출간한 『생성형 AI로 웹툰 만화 제작하기』에 적은 다음 문구는 스테이블 디퓨전의 이러한 특징을 잘 담고 있다. "스테이블 디퓨전에 주목하는 이유는 어떤 툴보다 사용자가 원하는 이미지를 목표에 맞게 조정해 낼 수 있다는 것입니다.”

스테이블 디퓨전을 이용해 만화 제작을 본격적으로 진행한 사례로 가장 주목할 만한 것은 데즈카 오사무의 장남 데즈카 마코토가 주축이 된 TEZUKA2023 프로젝트의 〈블랙잭: 기계의 심장-하트비트 마크II(ブラック・ジャック 機械の心臓-Heartbeat Mark II)〉다. 이 만화는 데즈카 오사무의 대표작인 〈블랙잭〉의 새 에피소드로, 〈블랙잭〉 연재 50주년이 되는 시점에 맞춰 연재지였던 아키타쇼텐(秋田書店)의 만화 잡지 ≪주간 소년 챔피언(週刊少年チャンピオン)≫의 2023년 52호(11월 22일 발매)에 게재되었다.

TEZUKA2023 프로젝트의 전신이라 할 TEZUKA2020 프로젝트의 작품은 죽은 데즈카 오사무의 오리지널 신작 타이틀인 〈파이돈〉이었다. 그런데 〈파이돈〉은 달리와 미드저니, 스테이블 디퓨전이 없던 시기의 결과물이다. 당시엔 스타일GAN(StyleGAN) 기술을 적용한 엔비디아의 실사 얼굴 학습 모델을 기반으로 기존의 데즈카 오사무 캐릭터 얼굴을 학습해 새 캐릭터 얼굴을 합성해 내는 방식을 썼는데, 실사와 도화라는 차이 탓인지 대부분이 상당히 뭉개진 채 나왔고 그 속에서 봐 줄 만한 형체를 골라 사람 손으로 완성했다.

반면, 〈블랙잭〉의 새 에피소드는 이미지 생성 AI의 시대가 본격적으로 열린 이후에 제작된 덕에 〈블랙잭〉 원작 속 캐릭터 그림을 학습해 주연은 물론이고 새 캐릭터 도안까지 상당히 완성도 있게 뽑아낼 수 있었고, 학습 결과로 문장 프롬프트를 통해 특정한 표정이나 요소를 만들 수도 있었다. 게임용 AI 전문 개발사 모리카트론(モリカトロン)의 AI × 엔터테인먼트 특화 미디어 ≪모리카트론AI라보(モリカトロンAIラボ)≫ 2023년 11월 30일자 기사에 따르면, TEZUKA2023 프로젝트 측은 잡지 발매 전이었던 2023년 11월 20일에 열린 성과 보고회에서 〈블랙잭〉 신작의 스테이블 디퓨전 이용에 대해 다음과 같이 설명했다. "스테이블 디퓨전을 기반으로 하여 텍스트를 통한 조건부 생성을 실현–이야기에 모순되지 않는 캐릭터 생성을 가능하게 했다."

스테이블 디퓨전을 활용한 만화 제작 사례는 일부에서 동인지 등을 제작하는 사례 등으로 서서히 등장하고 있는 상황이지만, 스토리를 갖춘 70페이지짜리 에로 동인지를 만든 기타키쓰네네코(きたきつねねこ) 같은 사례 정도가 아니면 양산된 섹시 일러스트레이션집 수준이거나 페이스북 그룹 등에서 시도되는 지극히 아마추

어적인 경우가 대부분이다. 그에 비해 〈블랙잭〉의 새 에피소드는 스테이블 디퓨전을 만화 제작에 쓴다면 어떤 방식으로 활용해야 할지에 대한 매우 프로페셔널하면서 모범적인 선례를 남겼다 할 만하다.

참고문헌

곽노필(2024.6.29). 인공지능 그림 "악마의 영감을 받은 느낌"…미술전 1위 논란. ≪한겨레≫, https://www.hani.co.kr/arti/science/technology/1057475.html

森山和道(2023.11.30). TEZUKA2023が制作した『ブラック・ジャック』新作の舞台裏. ≪モリカトロンAIラボ≫, https://morikatron.ai/2023/11/tezuka2023/

Metz, R.(2022.9.3). AI won an art contest, and artists are furious. *CNN*, https://edition.cnn.com/2022/09/03/tech/ai-art-fair-winner-controversy/index.html

04
AI와 만화 기획의 만남

흔히 만화와 AI라 하면 이미지 생성만을 생각한다. 하지만 만화는 그림만으로 완성되는 것이 아니다. 인물과 세계관, 이야기 뼈대, 시나리오 등을 설정하는 기획 · 사전 제작 단계를 AI와 함께한 중요한 사례를 대화형 AI의 발전상과 더불어 살펴본다.

챗GPT가 쏘아올린 작은 공

2022년 11월 30일, 오픈AI(OpenAI)가 거대 언어 모델(large language model, LLM)에 바탕을 둔 대화형 AI인 챗봇 '챗GPT(ChatGPT)'를 연구실 밖 세상에 내어놓았다. 이 물건을 만난 많은 이는 자신에게 돌아오는 답변을 본 순간 지금부터는 완전히 다른 시대가 열릴 것임을 직감했다.

알파고가 인간의 우위를 확신하던 최후의 보루였던 바둑에서도 완승할 당시만 해도 그것은 '게임의 룰' 안에서의 수 계산이라는 감각이었다. 하지만 챗GPT는 이미지가 아닌 인간과 거의 흡사한 수준의 언어로 인간과 대화를 나누고, 맥락을 파악하고, 필요로 하는 답을 도출해 낸다. 해당 시기에는 이미 달리나 미드저니와 같은 이미지 생성 AI들이 등장하였지만 챗GPT가 파괴력을 보이는 부분은 이들 이미지 생성 AI의 산출물을 엮어 낼 수 있는 전초 단계, 즉 글이나 스토리의 구조라 할 플롯이나 등장인물인 캐릭터의 설정, 전체 이야기의 방향을 한 문장으로 정리하는 로그라인까지 질의하자마자 곧바로 그럴싸하게 짜 보여 준다는 데에 있었다. 글쓰기를 업으로 삼는 이들의 충격은 그야말로 어마어마했다. 당장 눈앞에서 어마어마한 분량의 글이나 시나리오, 플롯 따위를 그럴싸하게 쏟아내는 기계 앞에서 할 말을 잃은 이들이 많다.

발등에 불이 떨어진 건 IT 업체들이었다. 챗GPT가 쏘아 올린 작은 공은 그야말로 순식간에 눈덩이가 되어 대화형 AI를 개발할 수 있는가 없는가로 업계 역량이 갈리는 상황마저 벌어졌다. 오픈AI에도 투자했던 마이크로소프트의 빙챗[BING Chat: 훗날 항공 부기장을 뜻하는 코파일럿(Copilot)으로 변경], 구글의 바드[BARD: 이후 제미나이(Gemini)로 변경] 등이 등장했고 노션(Notion)과 같은 문서·프로젝트 기록 서비스도 글 작성을 돕는 AI를 탑재하는가 하면, 마이크로소프트는 아예 오피스 365 제품군에 코파일럿을 섞었다. 그야말로 문서 작성과 글쓰기 업무를 돕는 개인/업무용 AI 비서가 전 세계에 보급된 상황이 됐다.

대화형 AI이 기획에 쓰기 좋은 이유

챗GPT를 위시한 대화형 AI들의 특징은 인간 수준의 대화 능력을 갖추었으되 인간이 일백 번 고쳐 죽어도 다 못 볼 막대한 정보를 바탕으로 한 답변을 빠르게 내어놓는다는 데에 있다. 이 장점에 주목한 건 비단 사무 업무에 AI를 접목해 보려는 이들만이 아니었다. 창작자들 또한

—많은 경우 명백한 거부감과 공포를 드러냈음에도—인간의 언어를 구가하는 AI의 활용성에 주목하는 경우가 갈수록 늘고 있다.

스토리텔링을 바탕에 둔 대중문화 예술을 다량의 회차로 창작하는 경우 반드시라고 해도 좋을 만큼 세계관과 줄거리, 플롯, 캐릭터, 로그라인, 전체 스토리 · 대사 등을 설정하는 일련의 기획 작업을 진행해야 한다. 기획이 명확하지 않으면 소설이든 만화든 실제 집필 단계로 나아갈 수가 없다. 이 기획 작업을 대화형 AI와 함께 진행하는 것이다.

기획 단계는 실 제작 일정에 들어가기에 앞서 시작부터 끝까지의 방향과 기초를 다지는 일이므로 할 수 있는 한 완전한 정리가 되어 있어야 하며 당연히 끊임없는 아이디어 산출과 수정 작업이 필수다. AI는 이를 위한 브레인스토밍을 하는 데에 최적화한 '불평할 줄 모르는 팀원'이다. 사고가 막혔을 때, 뭔가 다른 아이디어가 필요할 때, 당장 생각지 못한 부분을 말해 줄 대상이 필요할 때 지치지 않고 지루해하지도 않은 채 상시 대기 중인 대화형 AI의 역할은 빛을 발한다.

대화형 AI를 만화 기획에 적용한 사례

만화 작업에서 대화형 AI를 활용해 이야기 구조를 짜 상업지 게재 수준으로 완성한 사례가 바로 TEZUKA2023 프로젝트의 〈블랙잭: 기계의 심장–하트비트 마크II〉다. 이 프로젝트는 스테이블 디퓨전을 십분 활용해 데즈카 오사무의 고전 〈블랙잭〉 속 이미지를 통해 새로운 캐릭터의 디자인을 뽑아냈지만, 한편으로는 챗GPT(GPT-4 모델)을 활용해 기획 · 스토리 제작 전반에 걸쳐 AI와 '협업'을 진행했다. 이는 AI를 캐릭터 조합과 이야기 구조를 뽑는 초기 단계에서 제한적으로 활용하고 나머지를 사람이 대부분 직접 작업했던 〈파이돈〉 때와는 상당히 다른 것이다.

TEZUKA2023 프로젝트가 2023년 11월 20일에 열린 성과 보고회에서 밝힌 바에 따르면 〈블랙잭〉 새 에피소드는 창작자들이 직접적으로 AI와 제안과 결과, 역제안을 주고받는 인터랙티브 방식으로 작업했다. 보고회를 보도한 ≪모리카트론AI라보≫의 2023년 11월 30일 자 기사와 NHK의 2023년 11월 20일 자 보도에 따르면 프로젝트 팀은 데즈카 오사무의 〈블랙잭〉 원작에서 개요와 요소 등을 추출해 데이터화하여 AI에 입력한 후 인간의 아이디어를 챗GPT에 입력하여 나오는 답변을 받아들이거나 거부하면서 플롯을 만들어 나갔다. 이 프로젝트에 플롯 구성으로 참여하고 최종 선택된 플롯을 제공한 영화감독 하야시 가이조(林海象)은 챗GPT와 진행한 '캐치볼', 즉 주고받기 과정을 70회가량 진행했다고 한다.

하야시 가이조의 말에 따르면 챗GPT는 인간 기획자가 아이디어를 쥐고 질의를 하면 그에 대한 답변을 돌려주었지만, 두루뭉술하거나 무난한 이야기를 늘어놓는 경우가 많았다. 하지만 또 한편으로는 '기계의 심장'을 비롯하여 〈블랙잭〉 다운 핵심 설정을 완성된 언어로 내어놓았으며 AI가 사회로 진입하는 가운데 인간 사회가 AI에 둘러싸이고 마는 것이 인간에게 좋은 것인가 하는 지극히 현대적인 화두도 내어놓았다. 이렇게 나온 플롯에 따라 인간이 시나리오를 쓰고 이를 AI에 입력해 극본 형태로 정렬하여 최종 완성을 하는데, 대사만큼은 제작진이 만화에 어울리는 형태로 다시 고쳐 썼다고 한다. 이유는 챗GPT가 지나치게 설명조로 '서술'하기 때문이다.

〈블랙잭: 기계의 심장－하트비트 마크II〉는 스테이블 디퓨전을 이미지 데이터 산출에 활용한 프로페셔널한 사례기도 하지만, 한편으로 대화형 AI를 어떻게 시나리오 창작과 플롯 산출에 활용할까에 대해서도 프로페셔널한 답 중 하나를 보여 준다. 물론 완성된 작품이 실린

≪소년 챔피언≫ 편집부 관계자는 솔직하게 "거기에 이르기까지의 감정이나 심정이 부족하다고 생각했다"라고 밝혔다고는 하지만, 단지 적당히 출력되어 나온 결과물을 복사해 그대로 쓰는 것이 아니라 수없이 반복되는 조정 과정을 거친 끝에 인간이 완성한다는 점에 주목할 필요가 있다. 결국, 끝은 AI가 아니라 인간이 내야 한다.

웹툰 기획용 AI 투툰

TEZUKA2023 프로젝트는 〈블랙잭〉의 새 에피소드를 제작하는 과정에서 챗GPT와 인간 창작자 사이를 중개하는 인터랙티브 프롬프트 AI를 개발해 플롯 개발 등에 활용했다. AI 챗봇을 이용한 공동작업을 위한 전문 도구를 만든 셈인데, 이 도구를 통해 챗GPT에 질의를 하고 돌아오는 반응을 검토하고 다시 밀어 넣어 조정하여 완성본을 만들 수 있었다.

이렇게 만화 기획 단계에 AI를 접목하는 IT적 해결책의 또 다른 사례로 들 수 있는 것이 AI 스타트업 오노마 AI(Onoma AI)의 투툰(TooToon)이다. 오노마AI는 재담미디어가 이현세와 함께 손잡고 이현세의 만화를 학습시켜 만들고 있는 AI 이현세에 참여하고 있는 업체다. 2024년 10월 31일부터 11월 2일까지 열린 'AI 콘텐츠 페스티벌 2024'에서 대중 앞에 공개된 투툰은 키워드 몇 개를 넣으면 만화의 로그라인 · 트리트먼트 만들기, 대본 작성에서부터 캐릭터 설정과 외양 생성하기 등을 자동으로 진행한다. 말하자면 대화형 AI로 설정 관련해 질의해 받은 내용을 한데 모으는 과정과 비슷한 셈이다. 이 밖에 캐릭터 모델을 훈련해 작품에 직접 삽입하기, 러프 스케치를 선화로 바꾸기, 키워드를 통한 자동 콘티 짜기까지 한 프로그램 안에서 제공된다.

투툰은 상업 웹툰을 제작하는 프로 창작자용 작업 보조 도구라는 콘셉트로 제작된 상용 프로그램으로, 2020년 포토샵으로 유명한 어도비(Adobe)가 신규 서비스 공개 행사 '어도비 맥스'에서 공개한 만화 창작 도구 코믹 블라스트(Comic Blast)를 연상케 한다. 출판 만화를 제작하는 도구로 등장했던 어도비 블라스트의 주요 기능은 메모를 바탕으로 콘티를 자동 구성하는 것이었는데, 낮은 반응 탓인지 이후 개발이 더 진행되지 않았다. 웹툰 기획과 제작 어시스트에 특화한 AI인 투툰이 과연 화제성 외에 실질적 호응도와 시장성을 확보할 수 있을지 지켜볼 만한 일이다.

참고문헌

정지용(2023.2.27). AI가 쓴 책 어떨까…김대식 교수 "미래 보여주는 티저". ≪한국일보≫,
https://www.hankookilbo.com/News/Read/A2023022716510005609

森山和道(2023.11.30).
TEZUKA2023が制作した『ブラック・ジャック』新作の舞台裏. ≪モリカトロンAIラボ≫,
https://morikatron.ai/2023/11/tezuka2023/

05
AI와 저작권 침해

AI는 태생적으로 데이터 학습에 따른 저작권 침해에서 자유롭지 않다. 여기에 AI 생성 이미지를 엮어 만든 만화 〈새벽의 자리야〉의 저작권 등록과 취소가 일으킨 논란은 인간이 아닌 기계적 산출물의 저작권에 대한 근본적 질문을 던지고 있다.

이미지 생성 AI와 저작권 침해 논란

AI들 가운데 거대 언어 모델(LLM)을 기반으로 하는 생성형 AI들은 웹 공간에 공개적으로 올라와 있는 문서와 이미지들을 대규모로 수집해 학습 · 훈련한다. 다시 말해 AI는 매우 거대한 지식의 산이지만, 그 산을 아무런 대가나 허락 없이 가져가 쌓아 올렸다는 비판에서 태생적으로 자유롭지 못하다. 그런데 대화형 AI가 자연어를 구사해 정보를 섞어 내어 완전한 표절을 논하기가 쉽지 않은 데다가 인간의 감정을 본질적으로 '이해'하는 것이 아닌 이상 상업적으로 쓸 만한 수준인 글은 어차피 사람 손을 더할 수밖에 없다. 그에 비해, 품질에 대해 타협한다면 당장 적당히 쓸 만해 보이는 수준으로 결과물을 다량으로 조합해 출력하는 이미지 생성형 AI의 경우는 이야기가 한층 복잡해진다.

이미지 생성 AI는 특정 작가가 지닌 시각 예술 표현의 특징들을 명확히 유지한 새 이미지를 조합해 만들어 낸다는 혐의가 있고, 자연히 이를 위한 이미지를 업체가 어떻게 수집하였는가에 대한 문제 제기가 뒤따른다. 여기에 더해 그 결과물의 저작권은 어떻게 설정되어야 하고, 상업적인 용도로 이용한다고 할 때 어떻게 받아들여야 하는가에 대한 치열한 논점이 발생한다.

공개된 웹 문서를 수집해 훈련했다는 것으로 면피하고 있는 LLM과 달리 그림의 경우는 시각적으로 표현된 문화 예술 작품의 스타일과 색채, 또는 캐릭터 그 자체의 특징을 그대로 반영한다는 점에서 논란이 거세다. 그러나 저작권법이 친고죄인 데다가 재판 비용도 부담스럽게 작용하고, 막상 재판에서 특정 저작물이 어떻게 침해당했다는 명확한 증거를 내기 어렵다. ≪지디넷코리아≫의 2023년 11월 1일 자 기사 「美 법원, AI 저작권 소송 기각…"증거 불충분"」에 따르면 만화가 세라 앤더슨(Sarah Andersen), 일러스트레이터 켈리 매커넌(Kelly McKernan), 비주얼 아티스트 카를라 오르티스(Karla Ortiz) 등의 시각 예술가들이 2023년 1월 스테이블 디퓨전의 개발사 스태빌리티AI와 미드저니에 제기한 소송이 같은 해 10월 31일 증거 불충분으로 기각되었다. 이유는 원고들의 저작권청 등록 미비와 더불어 AI 모델이 새로운 이미지를 만드는 데에 이용하는 데이터 세트가 저작권을 침해했다는 여부를 일일이 증명할 수 없어 모든 결과물이 저작권을 100% 침해했다고 볼 수 없다는 것이다.

물론 싸움이 여기서 끝난 건 아니다. 2024년 1월 이 소송의 원고들은 저작권법 위반 여부에 대한 증거 자료로 미드저니를 훈련시키는 데에 쓰인 1만 6천 명가량의 예술가 명단을 공개했다. 이 자료는 2022년 2월 미드저니 CEO인 데이비드 홀츠(David Holz)가 직접 올렸던 구글 스프레드시트 파일이며, 그 내용 안에는 작가명 · 작품 스타일 · 활동 시기 · 움직임 · 기법 등이 명시되어 있다.

소송의 향방은 어떻게 될까. ≪AI타임스≫가 2024년 8월 14일 ≪벤처비트(VentureBeat)≫를 인용해 보도한 「이미지 생성 AI 소송에서 '저작권 침해 혐의' 최초 인정…본격 조사 돌입」 기사에 따르면 미국 캘리포니아 지방 법원이 "유도 침해(induced infringement) 혐의가 충분하다"라며 증거 조사 단계로 진행할 것을 허용했다고 한다. 이에 따라 소송을 건 예술가들은 AI 회사 내부를 조사하고 정보 요청을 할 수 있게 됐다.

AI 생성 이미지로 만든 만화의 저작권은?

저작권 침해가 법적으로 명확하게 성립하기는 어렵지만, 이미지 생성 AI들이 여러 경로로 다양한 저작물을 무단 수집했다는 정황들은 분명히 나타나고 있다. 그 결과 다양한 사법 리스크가 발생하고 있다. 2023년 1월 이미지 판매 사이트 게티이미지(Gettyimages)가 저작권으로 보호되는 수백만 개의 이미지를 불법으로 훈련용으로 썼다면서 스테이블 디퓨전의 개발사 스태빌리티AI에 소송을 제기한 건이 대표적이다. 스테이블 디퓨전에서 이미지를 생성할 때 게티이미지의 워터마크가 보이는 경우가 나타났다는 게 소송의 근거다. 이에 일부 업체는 훈련을 위한 저작물에 대가를 지급하겠다고 나서는 등 대안을 모색하고 있다. 어도비의 파이어플라이(Firefly)는 아예 자사가 운영하는 유료 이미지 사이트 어도비 스톡(Adobe Stock)의 이미지만 훈련에 활용했다고 밝히고 있다.

한편, 훈련 데이터의 저작권 침해와는 별개로 산출물의 저작권은 어떻게 간주해야 하는가에 대한 논점도 있다. 미드저니의 경우, 무료 이용으로 만든 산출물의 상업적 이용은 금지하지만 출처를 표기하는 선에서 공유와 변경이 가능한 크리에이티브 커먼스 라이선스 저작자 표시-비영리(CC BY-NC) 4.0을 적용한다. 유료 요금제의 경우는 소유권이 이용자에게 있다고 간주하여 결과물의 상업 이용이 가능하다. 그런데 상업 이용이 가능하다면 이미지의 저작권도 이용자가 가질 수 있는 걸까?

이에 대한 답이 될 만한 사건이 〈새벽의 자리야〉 저작권 취소-재등록 사건이다. ≪로이터(Reuters)≫가 2023년 2월 22일 보도한 「AI가 창작한 이미지가 새 기술 시험에서 미국 저작권을 잃다」 기사에 따르면, 이날 미국 저작권청(USCO)이 〈새벽의 자리야〉의 저작권 등록을 취소하고 이미지 외에 이야기와 이를 만화로 전개한 연출에는 저작권을 인정하는 내용의 새 등록 절차를 진행하겠다고 밝혔다.

이 혼선은 크리스 카슈타노바가 〈새벽의 자리야〉의 저작권 등록을 신청할 당시에 이미지 제작에 미드저니를 이용했다는 적시가 없었기 때문이다. 미국 저작권청은 서한을 통해 "인간 저작의 산물이 아니므로 저작권을 보호할 수 없다"라는 원칙을 고수하였다. 즉, 미드저니를 비롯한 이미지 생성 AI의 산출물은 저작권을 인정받지 못한다. 따라서 AI 산출물을 그대로 활용할 시에는 유료 구독으로 미드저니를 쓴다 해도 본인의 저작물로 보호받을 방법이 없는 것이다.

크리스 카슈타노바는 ≪로이터≫의 보도에서 본인이 프롬프트를 통해 산출한 이미지가 저작권을 인정받지 못했다는 점과 관련해 "이미지 자체가 내 창의성을 직접적으로 표현한 것이므로 저작권이 있다는 주장을 어떻게 하면 가장 잘 펼칠 수 있을지 고민 중"이라고 말했다. 하지만 저작권이 아이디어라는 '발상'이 아닌 실제적인 '표현'의 결과를 보호하는 법률인 이상 당장 뒤집히긴 어려워 보인다.

2024년 4월 2일 우리나라 방송통신위원회가 낸 정책 브리핑 "생성형 AI 윤리 가이드_저작권 1" 또한 이 점을 명확히 한다. 이 브리핑에서 방송통신위원회는 우리나라를 비롯해 대부분 국가가 AI 생성물의 저작권을 인정하지 않고, 저작권으로 인정받기 위해서는 인간의 창의성 기술과 노력의 결과를 통해 만든 고유한 창작물만 저작권법상 저작물로서 보호가 가능함을 말하고 있다. 즉 생성형 AI가 자동으로 생성한 결과물은 현행 저작권법의 보호 대상이 아니다. 하지만 인간이 AI가 생성한 결과물에 창작적 표현을 추가했다면 그 기여 부분에 대해서는 저작권을 인정받을 수 있다. 당연히 AI 산출물에 관해 남에게 재사용 금지를 요구할 권리 또한 없다-는 것이 국가 기관의 해석이다.

따라서 현 상황에서 이미지 생성 AI들의 결과물은 개발사의 정책과 입장과는 상관없이 권리를 인정받지 못하고, 결과물에 대해 도용·재사용 사례가 일어나도 보호받을 방법이 마땅치 않으며, 그 원출처에 해당할 작가들의 보호라는 측면에서도 널리 동의받기가 쉽지는 않다. AI로 생성한 산출물에 대한 새로운 저작권이 별도로 준비되어야 한다는 주장은 이후 사회적 합의에 맡겨 볼 문제일 것이나, 현재로서는 TEZUKA 프로젝트나 이현세와 같이 AI가 훈련한 데이터가 확인된 원저작자와의 합의/허락/직접 제작이 진행되는 경우가 아닌 이상 그림 부분에 대한 논의는 원론적인 대답을 반복해서 들어야 한다.

이에 따라 이미지 생성 AI의 활용은 저작자의 허락하에 훈련된 모델의 판매 또는 공개를 통해 사용권을 얻은 경우에 붙일 수 있는 별도의 저작권 표시의 개발과 더불어, 버튜버(버추얼 유튜버)들의 캐릭터 디자인/리깅이나 글꼴 디자이너처럼 특정 스타일로 훈련된 모델 파일을 전문적으로 제작하거나 개인화하는 전문가 직군의 등장을 예상해 봐야 하는 시점에 다다르고 있다. 나아가 AI의 만화적 활용과 관련해서도 다채로운 표현에 대한 참고 자료로 활용한 상태에서 인간이 주가 되어 작업하는 쪽으로 잡지 않는다면 논란은 언제까지나 '도둑질'과 '기술 혁신' 사이에서 접점을 찾지 못하게 될 터다. 이용자의 그림체를 직접 학습해 특성을 유지하는 형태로 웹툰 작업 시간을 줄이는 데에 초점을 맞춘 라이언로켓(LIONROCKET)의 젠버스(Genvas: 2024년 6월 14일 공개)나 업체 소속 작가의 그림만을 훈련에 활용했다면서 이야기만 있으면 웹툰을 만들 수 있다는 라임나무엔터테인먼트의 다빈치(DaVinci: 2024년 9월 베타 버전 테스트를 진행 중)는 이러한 부분에 대한 고민을 반영하고 있다.

참고문헌

강광우(2024.3.8). 'AI 저작권 침해' 테스트해 보니…챗GPT-4 가장 심했다. ≪중앙일보≫, https://www.joongang.co.kr/article/25233711

박찬(2024.1.4). 미드저니 학습 사용한 아티스트 명단 폭로…"스타일 잘 살린다 했더니". ≪AI타임스≫, https://www.aitimes.com/news/articleView.html?idxno=156295

박찬(2024.2.23). 생성 AI 이미지 저작권 박탈 사례 등장. ≪AI타임스≫, https://www.aitimes.com/news/articleView.html?idxno=149641

박찬(2024.7.8). 깃허브, 코딩 관련 저작권 첫 소송서 승리…"원고는 피해 내용 구체적으로 입증해야". ≪AI타임스≫, https://www.aitimes.com/news/articleView.html?idxno=161371

박찬(2024.8.14). 이미지 생성 AI 소송에서 '저작권 침해 혐의' 최초 인정…본격 조사 돌입. ≪AI타임스≫, https://www.aitimes.com/news/articleView.html?idxno=162518

방송통신위원회(2024.4.2). 생성형 AI 윤리 가이드_저작권 1, 방송통신위원회 공식 네이버 블로그, https://blog.naver.com/kcc1335/223403426017

이명신(2024.4.12). 생성형AI 기업 고소, 예술가 1만 6000명. 《뉴스아트》, https://www.news-art.co.kr/news/article.html?no=30774

Midjourney(2024.10.24). Terms of Service. https://docs.midjourney.com/docs/terms-of-service

06
만화 독자발 러다이트 운동과 그 이면

소셜 미디어 등지에서 나타난 'AI 사용 혐의작 사냥'은 AI에 대한 우려가 어떤 방식으로 드러날 수 있는지를 보여 준 사례다. 하지만 그 논란 대부분의 진짜 목적은 창작자와 창작 환경 보호가 아니라 창작자가 마땅히 순수한 인간으로서 받은 만큼 일할 것을 요구하는 것이었다.

웹툰에서 AI 사용 논란이 일어나다

〈신과 함께 돌아온 기사왕님〉은 동명 웹소설을 원작으로 하여 2023년 5월 22일 네이버 웹툰에서 연재를 시작한 만화다. 이 작품이 공개된 날 커뮤니티와 작품에 달린 댓글은 그야말로 대폭발했다. 이 만화 곳곳에서 AI를 쓴 흔적이 보인다는 의심이 드는 장면 곳곳이 사람들의 눈에 밟혔기 때문이다.

당시 웹툰 이용자들이 많이 이용하는 각종 커뮤니티에서는 이미 네티즌 수사대가 꾸려져 문제가 되는 장면들을 집어 올리고 공유하고 있었다. 이를테면 배경에서 어색하게 뭉개진 것으로 보이는 건물 옥상 장면, 칸이 진행되는 가운데 배경이나 장신구 등에서 일관성을 찾아보기 어려운 장면, 손이 사라져 있는 칸, 유명 영화 〈가디언즈 오브 더 갤럭시(Guardians of the Galaxy)〉의 그루트 비슷한 캐릭터가 느닷없이 등장하는 장면 등 사람들이 보기에 AI로 생성한 이미지에서 곧잘 발견되던 잘못된 합성이나 저작권 위반 같은 부분들은 죄 AI를 이용한 혐의점이 있는 부분으로 지목되었다.

사안이 일으킨 본질적인 의문은 크게 두 가지였다. 하나는 만화 제작 전반에 AI를 사용한 것이 '맞다'고 할 때 과연 어떤 AI에 어떤 데이터를 어떻게 훈련시켜 활용했기에 상업 장편 연재 만화를 주간으로 연재할 수 있을 수준의 인물 그림을 일단 '완성'하여 독자 앞에 내어놓을 수 있었단 말인가 하는 의문이었다. 미드저니를 이용한 만화들이 등장한 전례는 있고, 일본 미소녀풍 일러스트레이션을 뽑아내는 노벨AI나 니지저니도 등장하긴 하였으되, 당시는 아직 균질성과 연속성을 비롯해 캐주얼한 스타일의 비(非)회화풍 2차원 캐릭터―특히 일본 애니메이션풍 스타일―만화를 장편으로 연출해 완성할 수준은 아니라 여겨졌기 때문이다.

다른 하나는 바로 AI를 쓰지 않았다고 할 때의 문제였다. AI를 쓴 게 아니라고 한다면, 뭉개진 배경이나 일관성 없는 소품 등은 대체 무엇이란 말인가? 네이버 웹툰은 대체 왜 대중에 공개될 분량에 드러난 일부 시각적인 오류를―AI 사용 여부와는 별개로―잡아내지 못했는가/않았는가? 네이버가 연재 작품에 집요할 만큼 수정을 요구하는 경우도 적잖다는 작가들의 전언들이 있고 보면, 이 논란의 지분 상당수는 연재처인 네이버 웹툰의 알 수 없는 검수 기준에 있다고밖에 볼 수 없는 상황이 된다. 어느 쪽이 됐든 〈신과 함께 돌아온 기사왕님〉의 초반 공개 분량이 일으킨 논란의 원인은 명확했다. '완성도가 떨어지는 만화가 상업 연재란에 올라왔다'. 그러나 논란 속에서 불거진 사람들의 분노는 이것이었다. '감히 상업 만화 창작에 AI를 썼다'.

'창작에 AI 사용은 반칙'이라는 도덕률

AI 사용 여부에 대한 결론은 하루 만에 나왔다. 만화를 제작한 업체가 밝힌 바에 따르면, AI를 사용하긴 하였으되 작화 자체에 생성형 이미지를 사용한 것은 아니고 다만 3D 모델과 소재를 쓰면서 위화감을 줄이기 위해 '보정'을 진행하는 데에 AI를 동원했다, 만화 창작은 스튜디오에서 진행한 것이 맞으며 〈가디언즈 오브 갤럭시〉 캐릭터와 비슷해 보이는 객체와 인공지능 보정을 삭제하여 다시 업로드하겠다, 정도였다. 이를 바꿔 말하면 업체와 작가의 수준이 외부 소재를 활용하면서 전체 작화의 균형을 맞출 역량이 못 되었다는 것이고, 네이버 웹툰 또한 외부 업체와 계약을 통해 연재가 진행된 작품에 대해서—일부 작가들에게 하는 것과는 달리—전혀 품질 관리를 행하지 않았다는 것이다.

돌아보면 이미지 생성형 AI 초기인 2022년 미드저니를 활용한 〈새벽의 자리야〉와 〈사이버펑크 모모타로〉 정도의 실험적인 시도를 제외하면 AI 생성 이미지로만 엮은 만화를 상업 만화 매체에 공개한 사례는 2023년의

〈블랙잭〉 새 에피소드 정도고 그마저도 한 회 분량의 단편이었다. 일본의 동인 작가 기타키쓰네네코가 스테이블 디퓨전으로 제법 자연스러운 동세와 표정을 담은 70쪽 분량의 성인용 에로 만화를 만든 게 2024년 10월인데, 그 자체로도 개인 단위가 보일 수 있는 기술적 진보와 성취라는 측면에서 평가할 만한 부분이 있지만 그게 여전히 '주간 연재'를 소화할 정도는 아니다.

그러니 2023년 시점에서 만화 연재용 작화와 연출이 AI만으로 가능하지 않았다고 보는 것은 타당하고, 이 논란이 더 이어져 나갈 필요는 표면적으로는 없어졌다. 하지만 실제로는 논란이 계속해서 이어졌다. 이 '국내 상업 웹툰 플랫폼 연재작에서의 AI 사용 논란'이라는 최초이자 초유의 사태 앞에서 쏟아진 웹툰 플랫폼 이용자의 분노가 닿아 있는 대목은 창작에 AI를 쓰는 것이 '반칙'이라는 암묵적 도덕률이었기 때문이다.

여기에는 당연히 AI를 훈련시킨 데이터의 저작권 침해 문제가 1차적으로 결부된다. 하지만 만화 창작에 AI 그 자체를 결부시켜선 안 된다는 건 완전히 다른 차원의 문제가 된다. 저작권 침해 문제가 없는—각자가 이 방침을 믿고 안 믿고와는 별개로—AI의 존재, 이현세와 데즈카 오사무와 같이 철저히 특정 작가 작품만을 훈련시킨

AI의 활용 가능성, 본격 인물 작화 외에 AI를 다양하게 적용할 수 있는 이미지 처리 여부 등에 대한 모든 대목을 거세한 채 AI 그 자체를 만화 제작에 쓰는 일 자체를 거부하는 건 일종의 러다이트(Luddite: 19세기 산업 혁명기 영국에서 기계에 일자리를 빼앗긴다고 생각한 사람들이 기계를 부순 일)에 가깝다.

실제로 미드저니의 등장을 전후해 소셜 미디어 등지에서 줄기차게 벌어진 'AI 의심 일러스트레이션 사냥' 작업들은 창작이라는 과정이 순수한 인간의 육체를 통해서만 발현되어야 한다는 신념에 바탕을 두며, 나아가 이를 확인하는 것은 정당하다는 강한 믿음에서 비롯한다. 2023년 6월 2일부터 3일에 걸쳐 네이버 도전만화 게시판을 60건 이상 도배한 항의성 게시물인 'AI 웹툰 보이콧'이나, 그보다 앞서 2022년 11월 29일 셀시스가 만화 제작 도구로 매우 널리 쓰이는 클립스튜디오에 이미지 생성 AI 팔레트 기능을 시험 구현하려다 강력한 반발에 부딪혀 같은 해 12월 2일 탑재를 취소한 일 또한 같은 심리의 발로라 할 만하다.

네이버 웹툰은 〈신과 함께 돌아온 기사왕님〉 공개 즈음에 진행된 '지상최대 공모전'이라는 자사 웹툰 공모전의 1차 접수 단계(2023년 5월 23일~25일) 중에는 AI 활용에 제한을 두지 않았던 방침을 바꾸어 그달 31일부터 진행된 2차 접수부터는 AI 생성물을 이용한 웹툰을 올릴 수 없다고 막아섰고, 카카오 웹툰은 6월 1일 게릴라 공모전을 열면서 네이버를 비꼬듯 "인간이 웹툰을 지배함"이라는 제목을 달고 인손인그(인간의 손으로 인간이 그린) 작품들의 많은 지원을 바란다고 적시했다. 모두가 이 일련의 흐름이 AI를 이용한 만화에 대한 극심한 혐오감을 반영한다. 사람들은 마우스를 딸깍거리는 행위로 결과물을 쉽게 낸다 하여 '딸깍이'라는 멸칭을 붙였고, 네이버 연재작이 AI 훈련용으로 쓰일 것으로 우려했다. 네이버가 2024년 4월 2일 특허청에 등록한 '웹툰 AI 임파스토(Impasto)'라는 AI 무단 훈련 방지 기술은 이와 같은 우려에 대한 네이버의 대답이다.

그럼에도 AI는 결국 도구 중 하나

그런데 이 혐오가 비단 오로지 인간 순수성 내지는 저작권 수호 측면에서만 해석되는 것은 아니다. 본질적으로 보면 이 혐오는 돈을 받을 자격에 대한 질문이며, 결정적으로 AI를 이용하고서 같은 돈을 받게 해서는 안 된다는 선언에 가깝다. AI를 만화 창작에 쓰게 됨으로써 기대하게 되는 것이 노동량을 경감시키고 작업 시간을 줄이는 것임을 보자면 몹시 아이러니한 일이다. 한국의 상업 웹툰 창작의 노동량은 이미 개인 단위가 감당하기 어려운 수준으로 정평이 나 있는데, 그 원인 중 하나로 꼽히는 건 긴 회당 분량을 요구하며 분량 경쟁을 강화하는 독자들의 태도다. 저작권 침해 이슈에 대한 문제 제기와는 별개로 AI가 창작에 결부되는 상황 자체를 부정하려 든다면, AI만이 아니라 만화 제작을 쉽게 돕는 디지털 저작도구 자체가 다 반칙이라고 생각하는 것과 다르지 않다.

출판 만화가 중심이던 시기 망점을 표현하기 위해 원고 위에 붙였던 필름을 스크린 톤이라 부르는데, 이 스크린 톤이 처음 등장했던 당시 일부 만화가들은 이를 활용하는 후배들을 매우 마뜩잖아했다. 이유는 간단하다. 무늬를 직접 그리지도 않아 놓고서는 어찌 만화를 그렸다고 우기냐는 것이다. 그러거나 말거나 스크린 톤은 널리 쓰였고 이를 반칙으로 생각하는 게 오히려 구닥다리가 됐다. 〈신과 함께 돌아온 기사왕님〉에 쓰였다는 갖가지 3D 소품들도, AI가 아닐 뿐 실제로는 남이 만들어 판매하는 데이터들을 쓴 것이다. 웹툰에 널리 쓰이는 스케치업 배경 또한 남이 만든 걸 사 쓰는 경우가 많다.

관건은 그냥 무턱대고 써서 다 똑같아 보이는 게 아니라 '잘' 쓰는 것이다. AI 또한, 저작권 문제를 해결하기 위한 태도를 견지하는 형태로 잘 활용할 수 있다면 결국은 도구 중 하나로 정착할 것이고 또 그래야만 한다.

참고문헌

박민주(2023.6.2). "딸깍이는 웹툰작가 아냐…'인손인그'만 받습니다". ≪서울경제≫, https://www.sedaily.com/NewsView/29QP7K9SZA

셀시스(2022.11.29). CLIP STUDIO PAINT '이미지 생성 AI 팔레트' 시범 구현 예정 (2022년 12월 2일 추가 기재). https://www.clipstudio.net/kr/news/202211/29_01/

07
AI와 만화 노동 환경의 상관관계

포털 웹툰의 선두 주자인 네이버는 2017년 〈마주쳤다〉의 발표 이래 AI를 본격적으로 도입하고 있다. 하지만 네이버를 비롯해 만화에 AI를 접목하려는 기업들이 내비치는 속내는 '창작자들의 노동 강도 절감'과는 거리가 있다.

“그림 못 그려도 웹툰 작가 될 수 있다”

국내 웹툰 플랫폼의 시장 지배적 사업자인 네이버 웹툰이 AI를 도입하기 시작한 건 하일권과 인터랙션 웹툰 〈마주쳤다〉를 개발했던 2017년으로, 이미지 처리와 관련한 AI 기술들이 막 등장하던 시기와 비교해도 상당히 기민하게 움직인 편이었다.

이후 전담 팀을 구축하고 서비스를 만들어 왔던 연혁을 보면 네이버 웹툰은 그야말로 AI에 진심이고, 여타 웹툰 서비스 업체들이 따라가지 못할 만큼의 실적을 짧지 않은 시간 동안 쌓아 놓았다. 웹툰 AI 페인터는 그 여러 기술 가운데에서 만화, 그 가운데에서도 웹툰 창작에 가장 직접적으로 연관되어 있는 기술이다. 채색이 웹툰 제작에서 반(半)필수처럼 여겨지다 보니 작가들의 작업 난도를 높이는 데에 지대한 영향을 끼치기 때문이다.

웹툰에 최적화한 채색 도구가 등장했다는 소식에 업계의 시선이 쏠렸던 까닭은 웹툰 작업 자체가 매우 노동집약적인 분야기 때문이다. 2018년 3월 14일 한국정보과학회가 주최하고 동 학회 인공지능소사이어티 산하 인공지능연구회가 주관하여 열린 “쉽게 배우는 인공지능 제3편” 이틀째 행사에서 “네이버 웹툰과 AI: 네이버 웹툰에서의 AI 연구 사례들을 중심으로”라는 발제를 진행한 장재혁 네이버 웹툰 W리서치 리더는 발제문을 통해 웹툰 작업의 특징에 대해 ① 노동 집약적, ② 자유로운 워크플로, ③ 높은 진입 장벽을 꼽았다. 발제문을 통해 드러난 기술 책임자의 시각을 정리하자면 다음과 같다. 통상 웹툰은 작가가 대사와 캐릭터와 그림 등 대부분의 작업을 모두 직접 수행해야 한다. 그런데 채색까지 기본적으로 해야 하는 경우가 많고, 남이 아닌 작가 본인이 직접 해야 품질 관리가 가능하면서 과정이 개인 역량에 좌우되는 부분이 있어 분업이 쉽지 않다. 게다가 표현 전반이 재능의 영역이고 스타일이 각자 다르며 제작 단계가 많아서 아무나 쉽게 접근할 수 없다.

네이버가 AI로 접근하고자 하는 건 바로 이 진입 장벽 자체를 기술로 낮추고자 함이었다. 이런 발상으로 AI에 접근하기 시작한 네이버 웹툰의 목표점은 무엇일까. ≪중앙일보≫가 2021년 4월 21일 「네이버 "그림 못 그려도 웹툰 작가 될 수 있다"… AI가 히트작 발굴」이라는 기사를 통해 보도한 내용에 따르면 캐나다 토론토에서 열린 콜리전 콘퍼런스에서 진행된 "새로운 창작자 세대의 강화"라는 대담 프로그램 진행 중 김준구 네이버 웹툰 대표는 "그림 못 그려도 작가 될 수 있어야 슈퍼 IP 나온다", "창작의 허들이 낮아질수록 슈퍼IP가 등장한다"라 언급했다. 이 "그림 못 그려도~"는 6개월가량 뒤 웹툰 AI 페인터의 출시를 보도하는 언론 기사들에 복사해 붙인 듯 똑같이 반복되었다.

그런데 이 말은 비단 네이버만이 아니라 만화 제작과 AI를 연결하려는 사례들 전반에서 반복된다. 라임나무엔터테인먼트의 대표이자 웹소설 작가인 홍상표는 '다빈치'라는 생성형 AI를 개발해, 이 도구로 자신이 스토리를 쓴 〈묵시록의 기사〉라는 만화를 만들어 교보문고의 전자책 플랫폼인 교보e북에 2024년 9월 1일부터 연재하기 시작했다. AI 생성 이미지를 전면적으로 활용해 제작한 만화를 연재하는 첫 사례로 꼽힐 이 작품과 다빈치를 소개하는 ≪한국일보≫의 2024년 9월 16일 자 인터뷰 제목 또한 역시 「"그림을 못 그려도 웹툰 작가가 될 수 있어요"… 웹툰 그려주는 AI 등장」이다.

AI 이슈에 가려진 웹툰 노동 환경의 현주소

이처럼 AI와 만화 이슈에서 계속해서 반복되는 '그림 못 그려도 웹툰 작가 될 수 있다'라는 말은 반대로 만화 창작에서 그림이 가장 큰 진입 장벽이라는 인식을 보여 준다. 그래서 그림을 못 그려도 된다는 전제를 깔아 놓는다는 건 결국 '기술을 통해' '누구나' 만화를 '만들 수' 있는 환경을 꾀한다는 말이 된다.

이와 같은 발상이 목표로 하는 바는 무엇일까. 실마리는 역시 웹툰 AI 페인터에 대해 보도한 기사에서 찾을 수 있다. ≪매일경제≫의 2021년 10월 20일 자 「"그림 못 그려도 누구나 웹툰 작가 된다"…네이버 '웹툰 AI 페인터' 출시」라는 보도에 따르면 네이버 웹툰 관계자는 웹툰 AI 페인터에 관해 "네이버 웹툰은 창작자 저변을 넓히고 생태계를 구축하는 것을 가장 우선의 가치로 두고 있다", "이를 위해 가장 강조하는 것이 아마추어 창작자 풀"이라고 설명한다. 즉 네이버 AI 페인터를 비롯한 AI 기술의 접목은 '웹툰 제작을 돕는 것'이 아니라 아마추어 창작자 풀을 더 폭넓게 확보하고 확장하는 데에 초점이 맞춰져 있는 셈이다. 그런데 AI를 이용해 아마추어 창작자들을 더 많이 양산한다면 어떤 일이 일어날까. 무엇보다 그림에 재능이 있어야 프로 작가 데뷔를 바라보던 시기와 달리 도전만화 게시판에서 누구나 만화를 만들어 올릴 수 있게 된다. 당연히 그 누구나들은 업체 입장에서는 연재비를 정식으로는 지급하지 않아도 되는 무한한 소재의 보고다.

2019년 이래 네이버 웹툰이 IP 산업 밸류 체인(value chain)화의 기치를 내걸고 웹소설-웹툰-영상 중심 체제로 방향을 전환하고 2023년 2월에는 웹툰 크리에이터스라는 이름으로 아마추어 도전만화를 단순 게시판을 넘어 아마추어 시장의 확대로 정착시키려는 발상을 보인 것도 이와 연결점이 있다. 2020년대 들어 네이버 웹툰의 연재는 권리관계의 원활한 관리를 위해 개인 단위보다 스튜디오/제작사와의 계약을 통해 진행되는 사례가 늘어난 상태고, 웹소설을 원작으로 하는 만화의 개발이 밸류 체인의 성공 조건이 되어 있다.

이와 같은 상황을 종합하면 다음 두 가지 예상을 도출할 수 있다. 하나는 개인이 프로 웹툰에 진입해 들어가는 문이 더 좁아진다는 것이다. 네이버의 웹툰 크리에이터스는 아마추어들이 독자들에게서 직접 수익을 창출할 수 있게끔 하고 있다. 이는 개인이 진입해 들어갈 구역과 업체 단위가 주가 되는–규모가 큰 작품으로 큰 수익을 안정적으로 내는–프로 연재 공간이 한층 더 강하게 분리되는 효과를 낼 것이다. AI 웹툰은, 관계자들의 발언대로라면 아마추어 공간을 채운 이들의 도구로 자리매김할 것이다.

또 다른 하나는 이 아마추어 공간에 올라온 AI 만화들의 원작 콘티화다. 아마추어들이 AI로 만들어 낼 만화를 스토리텔링의 1차 시각화로 간주할 경우, 업체 단위의 만화와 2차적 저작물 기획 난도를 확연히 낮출 수 있다. 이는 저렴한 비용으로 다채로운 이야기를 만들어 낼 수 있는 방편이 된다. 웹소설의 만화화 또한 2018년 W리서치 팀의 발제 자료에 이미 "Webtoon Drawing AI?"라는 이름으로 물음표를 단 채 기술 연구 예정 항목에 올라 있는 것을 보면, AI 기술을 이용해 웹소설-만화로 연결되는 밸류 체인을 더 공고화하겠다는 발상을 엿볼 수 있다. 아마추어 확대나, 프로 연재란에서 차기작을 연재할 기회를 받지 못하게 된 개인들의 아마추어 공간 배회는 그 과정에서의 비용을 줄일 방안으로 유효하다. 괜찮아 보이는 게 있으면 업체와 연결해 '개발'하면 되기 때문이다.

그러나 이 고효율 콘텐츠 풀의 구축이라는 미래가 장밋빛인 건 업체 입장에서만이다. 만화 작업이라는 예술노동이 고된 까닭은 지나치게 노동 집약적이기 때문이기도 하지만, 다른 한편으로는 개인이 감당하기 어려운 일정과 분량에 비해 일부를 제외하면 사람을 추가로 고용하기엔 수익이 낮은 편이기 때문이다. 현재 네이버를 위시한 한국 웹툰 연재처의 연재 분량은 주 1회에 70컷에서, 많으면 100컷에 달하는 압도적인 분량을 총천연색으로 작업해야 하는 것으로 간주된다.

관건은 '색칠을 기술로 도와줄게요', '그림을 덜/안 그려도 되게 해 줄게요'가 아니라 업계의 불문율처럼 정착한 분량이 혼자서 감당하기엔 지나치게 많다는 점이다. 기술로 이 부분을 경감해 준다고 하는 발상의 맹점이 바로 여기에 있다. 만화가들 모두가 기술적인 이슈를 쉬 작업에 적용할 수 있는 부류도 아니고, 실제 연재 진행 중인 작품들의 노동량 자체를 줄이거나 연재료 상승을 전제하지 않은 채 아마추어만을 확대시키겠다고 한다면 이는 노동 문제를 근본적으로 해결하기보다는 기술로 분량을 확보하는 데에 집중하겠다는 말과 다르지 않다. 네이버만의 문제도 아니다. AI로 웹툰 제작에 부스터를 달겠다는 젠버스의 슬로건도 웹툰 제작을 본질적으로 돕겠다는 것이 아니라 "NO 지각 NO 휴재 NO 작붕(작화붕괴)"으로 속도와 품질만을 강조하고 있다.

한국의 웹툰 노동 환경은 작가에게는 명백히 가혹하다. 많은 작가가 육체적 · 정신적 질환에 시달리고 있다. 기술의 발전은 분명히 도움이 된다. 그러나 주지하였듯, 시장을 선도하는 기업이 기술 개발의 목적에 대해 작업을 진행하는 창작자들이 겪는 고충과는 달리 확대에 방점을 찍고 있다면 그 기술이 오롯이 만화 창작자를 위해 존재한다고 할 수는 없다. 결국 분량과 연재 주기라는 본질적인 환경 개선과 작가들을 지나치게 채근하는 게 일

상화한 웹툰 독자 문화의 개선이 선행하지 않은 기술 발달은 가혹함을 더욱 가중할 것이다. '이 가혹한 환경에 당신을 맞추기 위해 우리 서비스를 이용하세요'보다는 '환경을 개선하는 시작점이 되겠습니다'를 내걸 수 있으면 좋겠다.

참고문헌

강은경(2024.2.27). 독자 반발에도 고…'네카오'가 AI 웹툰 기술 개발 나선 속내. ≪비즈한국≫, https://www.bizhankook.com/bk/article/27182

블로터(2019.2.8). 네이버웹툰이 '웹툰 인공지능(AI)'으로 하려는 일들. https://v.daum.net/v/5c5ceb23f3a1d40001b87d3f

서정민(2023.5.15). 글만 줘도 웹툰 되고, 채색도 척척…달콤 살벌한 AI. ≪한겨레≫, https://www.hani.co.kr/arti/culture/culture_general/1091749.html

윤준탁(2024.8.15). 이걸 AI가 그렸다고?…그림 실력 없어도 웹툰작가 되는 세상. ≪중앙일보≫, https://www.joongang.co.kr/article/25270778

윤현종(2022.6.24). 글로벌 AI 학회 휩쓴 '네이버웹툰', 왜?. ≪CNET Korea≫, https://www.cnet.co.kr/view/?no=20220624103711

이나연(2023.1.13). "단순 웹툰 플랫폼 아냐"…네이버웹툰이 경쟁력으로 내세운 기술은?. ≪디지털데일리≫, https://ddaily.co.kr/page/view/2023011219141047676?ref=ai-ethics.kr

인공지능연구회(2018). 『쉽게 배우는 인공지능 제3편(AI for Art) 자료집』.
https://sigai.or.kr/workshop/AI-for-everyone/2018/

최유리(2023.8.30). [단독]네이버웹툰, AI·데이터 조직 신설…'케플러'로 웹툰 금맥 캔다. ≪아시아경제≫, https://www.asiae.co.kr/article/2023083017465018337

황순민(2021.10.20). [단독] "그림 못그려도 누구나 웹툰 작가된다"…네이버 '웹툰 AI페인터' 출시. ≪매일경제≫, https://www.mk.co.kr/news/it/10066758

08
마케팅 도구로서의 AI 만화

2024년 현재 이미지 생성형 AI는 저비용 마케팅 도구로서 매우 다양한 형태로 발전하고 있다. 광고 만화 제작을 AI로 할 수 있는 업체의 등장 등은 광고/홍보 인스타툰을 비롯하여 저비용 저난도 마케팅 창구의 일부를 점유할 가능성을 보여 준다.

마케팅에 부는 AI 바람

스웨덴의 AI 기반 글로벌 결제망 업체이자 쇼핑 도우미 업체인 클라르나(Klarna)는 2024년 5월 28일 홈페이지를 통해 AI를 마케팅에 활용했음을 밝혔다. 내용을 요약하면 다음과 같다. '2024년 1/4분기 동안 1,000개 이상의 이미지를 미드저니나 오픈AI의 달리, 어도비의 파이어플라이(Firefly)와 같은 이미지 생성형 AI를 이용해 생성하여 기존에 비해 더 많은 광고를 진행했음에도 이미지 제작 비용을 분기 기준 150만 달러 절약했다.'

AI 이미지 품질 향상 설루션 업체인 토파즈(Topaz)의 업스케일러 기가픽셀(Gigapixel)과 AI 사진 편집기 포토룸(Photoroom)을 이용해 최종 조정을 진행했다는 클라르나는 최고 마케팅 책임자(CMO) 다비드 산스트룀(David Sandström)의 입을 빌려 다음과 같이 밝히고 있다. "AI는 우리가 더 가볍고 더 빠르게, 고객이 중요하게 여기는 것에 더 잘 대응할 수 있도록 돕고, 훨씬 더 나은 경험을 제공한다."

말인즉 다양한 필요에 부응하기 위해 몸을 가볍게 하는 데에 AI를 활용해 효과를 보았다는 말이다. 클라르나는 AI로 진행 과정을 간소화하면서 앱과 웹사이트 이미지를 자주 갈아 끼울 수 있게 되었다는데, 특히 밸런타인

데이나 어버이날, 봄맞이 이벤트, 졸업식, 여름 세일 등 소매에 중요하게 작용하는 주요 대목들에 대응할 수 있었다고 한다.

AI를 이용한 광고는 이미지에만 국한하지 않는다. 코카콜라는 2023년 3월 명화 속 인물들이 미술관에서 코카콜라 병을 주고받는 다이내믹한 장면이 담긴 영상 광고 〈마스터피스(Masterpiece)〉 편의 제작에 미드저니와 스테이블 디퓨전을 활용한 데에 이어 2024년 11월 공개한 영상 광고 〈더 홀리데이 매직 이즈 커밍(The Holiday Magic is coming)〉에는 이미지/비디오 생성형 AI인 레오나르도(Leonardo), 루마(Luma), 런웨이ML(Runway ML), 클링(Kling) 그리고 스테이블 디퓨전, 달리 등을 활용했다.

≪애드위크(Adweek)≫의 2024년 11월 15일 자 기사 「코카콜라가 성탄절 고전을 AI로 재창조한 뒷이야기(Behind the Scenes of Coca-cola's AI Reinvention of Holiday Classic)」에 따르면 광고 제작을 주도한 실버사이드AI(Silverside AI)의 공동 창업자 롭 루벨(Rob Wrubel)은 클라이언트인 코카콜라와의 첫 회의 후 3일 이내에 광고의 초안을 작성할 수 있었다고 밝혔는데, 한술 더 떠 코카콜라가 다양한 도시와 글로벌 시장에 맞는

맞춤형 버전의 광고를 개발할 수 있는지를 물어 며칠 만에 110개 버전을 만들어 제공했다고 한다. 이는 창의적 구상을 짧은 시간 안에 직접적으로 구현해 볼 수 있었기에 가능하다. 한국에서도 2024년 5월 LG유플러스가 자사의 AI인 익시(IXI)를 이용해 생성한 영상으로만 만든 100% AI 영상 광고 〈Growth Leading AX Company(성장을 이끄는 AI 전환 회사)〉 편이 공개되었다. LG유플러스에 따르면 같은 분량의 100% 3D 애니메이션 광고와 비교하여 제작비를 40%, 제작 기간을 70%가량 줄일 수 있었다고 한다.

마케팅용 AI 만화 도구

이상에서와 같이 빠르게 목적한 바를 기민하게 표현해 낼 수 있어야 하는 마케팅 영역에서 AI는 비용과 시간, 아이디어의 구현이라는 측면에서 AI와 얽힐 많은 비판점을 상쇄할 만큼 강력한 장점을 보여 준다. 물론 코카콜라나 LG유플러스 같은 대기업의 광고에서 비치는 '저렴한'의 기준은 완전히 다르겠지만, 이미지 생성형 AI들을 적극적으로 채용함으로써 스톡 이미지 구매를 완전히 대체한 클라르나의 사례에서 보듯 빠르게 노출하고 갈아붙여야 할 대상을 극소규모 인원이 다량으로 그때그

때 제작할 수 있다는 건 마케팅을 목적으로 하는 광고/홍보용 만화에 시사하는 바가 크다.

만화야말로 그 어떤 매체보다도 다량의 이미지를 필요로 하면서 만드는 데에 많은 노동력과 시간이 드는데, 제대로 만들고자 할 때 작은 사업자들로서는 적잖게 부담이 된다. 인스타그램을 통해 공개되는 인스타툰이 유행하면서 명성을 날리는 인스타툰 작가들에게 광고 의뢰가 몰리고 있지만 이벤트를 진행하기에 부담스러운 이들에게는 그조차 쉽지 않다. AI로 만드는 만화는 그런 저비용 저난도의 홍보 콘텐츠를 원하는 이들에게 대안이 될 만하다.

이러한 목적에 부합하는 AI 만화를 만들 수 있는 서비스들이 국내에 등장해 있다. 2024년 현시점에서 주목해 볼 만한 곳들을 살펴보자. 먼저 툰스퀘어(Toonsquare)의 투닝(Tooning)은 웹 기반 AI 만화 제작 도구로, 만화를 직접 그리지 않아도 이미 마련되어 있는 캐릭터나 배경 소스, 각종 효과를 마우스만으로 끌어다 만화를 구성할 수 있다. 이용자의 글을 AI가 분석해 만화로 구성해주는 텍스트 투 툰(text-to-toon) 기능이나 사용자 얼굴 사진을 만화 캐릭터로 변환해 곧바로 내용 중에 쓸 수 있게 만드는 AI 변환 기능 등이 상당히 강력하다.

투닝은 엄밀히 말해 만화 제작 도구라기보다는 캔바(Canva)나 미리캔버스(MiriCanvas)류의 디자인 서비스에서 만화적인 측면을 강화한 듯한 인상을 주고 초중고 교사들의 교육 자료 제작에 좀 더 무게 중심을 두고 있는 것으로도 보이지만, 카드 뉴스를 비롯한 각종 서식이 담긴 템플릿과 본인 얼굴 캐릭터 등을 활용하면 매우 간단히 본인의 아이디어를 만화적으로 옮길 수 있다. 이런 클립아트류의 조합은 미적인 완성도 면에서 그리 미려하지 못하다는 단점이 있지만 투닝은 그런 점에서 상당히 질 좋은 형태를 보여 준다. 투닝과 비슷하게 교육용 자료를 만화로 만들기 용이함을 내세우고 있는 곳으로 위툰(WeToon)이 있는데, 이쪽은 적은 칸수로 나누어 시나리오를 짜면 그에 맞춰 이미지를 AI가 생성하여 말풍선 등을 붙여 완성할 수 있다. 위툰은 투닝에 비해 인터페이스가 다소 단조롭고 생성된 이미지의 연출력이 아쉽지만, 그림을 그릴 필요 없이 목적한 바를 지극히 단순한 동작으로 구현할 수 있다.

이현세와 재담미디어와의 협업으로 AI 이현세를 만드는 데에 참여하고 있는 오노마AI의 '투툰' 또한 마케팅 목적 만화를 제작하는 도구로 쓰일 가능성을 보여 준다. 투닝이나 위툰과 달리 조금 더 본격적인 만화 기획/제작 도구인 투툰은 재담미디어의 쇼트폼 웹툰 플랫폼인 재담쇼츠에 연재 중인 〈타로〉라는 옴니버스 만화를 만드는 도구로도 쓰였다. ≪AI타임즈≫ 2024년 11월 3일 자 기사 「송민 오노마AI 대표 "생성 AI는 웹툰의 적이 아닌 지원군…인식 변화는 필수"」에 따르면 오노마AI는 마케팅이나 홍보 분야에서 투툰을 활용한 협업 제의를 받고 있다고 한다. 오노마AI의 대표 송민은 AI 도구를 활용한 협업 제안에 대한 세간의 반응을 'AI에 대한 거부감을 넘어 실용적이고 기술적인 부분에서 얻을 것이 많다는 분위기'라고 전하고 있다.

정리하자면 AI 만화 제작은 기본적으로 저비용 저난도를 꾀하는 이들이 활용할 만한 도구다. 하지만 이들 도구로 홍보/광고용 만화를 만든다는 것이 인스타툰 시장을 곧바로 침해할 수 있을 것으로 보이지는 않는다. 인스타툰 광고도 상업 광고로 간주하자면 비교적 저렴하긴 하나, 나름의 시장이 형성되어 있는 데다가 효과를 보기 위해서는 고정 독자층을 확실하게 확보하고 있는 작가라는 전제가 깔려야 하기 때문이다. 즉 이들 도구는 그만한 광고를 집행하기 부담스러운데 만화를 그리기도 어려운 이들이 간단히 만들어 봄직하다.

그런데 여기에서 관건은 조합형이든 조금 더 절충형

이 됐든 효과를 보기 위해서는 그 나름대로 내용과 구성이 재미있고 만화적으로 완성도가 있어야 한다는 점이다. 똑같이 파워포인트 같은 프레젠테이션 도구를 놓고도 발표 자료의 품질이 완전히 갈리는 것처럼, 또 서울 강서구청의 1대 버튜버 공무원 '새로미'가 엄청나게 엉망인 음질을 자랑하는 초저가 마이크와 기본 제공 모델을 적당히 수정한 모양새로도 담당자의 감각적인 운영으로 크게 흥행했던 것처럼, 같은 도구라 하더라도 매체에 대한 기본적인 이해나 감각, 보여 주고자 하는 바에 대한 번뜩이는 아이디어와 지속적이고 끊임없는 노출이 있고 없고에 따라 큰 차이를 보여 주게 될 것이 분명하다. 클라르나의 사례를 떠올려 보자. 그들은 AI 이미지를 대거 양산함으로써 시기별 대목을 지나쳐 보내지 않았다.

AI를 접목한 콘텐츠의 장점은 명백히 시간과 돈을 줄인다는 것이지만, 그 뒤에는 목적한 노출과 노출 방법에 대해 잘 파악하지 못하면 안 된다는 함정이 도사리고 있다. 마케팅처럼 짧고 굵게 뇌리에 남아야 하는 대상이면 더욱 그러하다. 역설적으로, AI를 이용해 저렴하게 마케팅을 펼쳐 보려는 이들이야말로 만화와 AI를 매우 많이 공부해야 한다는 이야기가 되겠다.

참고문헌

뉴스룸/보도자료(2024.5.30). [K-디지털 브랜드 대상] LG유플러스 ixi, AI 사업 고도화 혁신 드라이브. LG U+ 블로그. https://blog.uplus.co.kr/4803

장세민(2024.11.3). 송민 오노마AI 대표 "생성 AI는 웹툰의 적이 아닌 지원군…인식 변화는 필수". ≪AI타임스≫, https://www.aitimes.com/news/articleView.html?idxno=164863

Kiefer, B.(2024.11.15). Behind the scenes of Coca-Cola's AI reinvention of a holiday classic. *Adweek*, https://www.adweek.com/brand-marketing/behind-the-scenes-of-coca-colas-ai-reinvention-of-a-holiday-classic

Klarna(2024.3.28). AI helps Klarna cut marketing agency spend by 25% and run more campaigns. https://www.klarna.com/international/press/ai-helps-klarna-cut-marketing-agency-spend-by-25-and-run-more-campaigns/

Knolle, S.(2024.11.15). Coca-Cola's latest holidays ad was created with AI | video. *THE WRAP*, https://www.thewrap.com/coca-cola-holidays-are-coming-ad-created-with-ai-video/

09
AI 만화의 한계

하루가 다르게 발전하는 AI가 만화 제작의 많은 부분을 위협할 것으로 전망되고 있지만, 한편으로 발전 가도 속에서 두드러지는 한계점들이 있다. 그중 가장 큰 건 본격적으로 품질 좋은 '작품'을 만들려 하는 시점에서는 인간이 깊숙하게 개입하지 않으면 안 된다는 점이다.

"이러느니 직접 그리는 게 빠르지 않을까?"

죽은 데즈카 오사무를 AI로 다시 소환해 〈블랙잭〉의 새 에피소드 〈블랙잭: 기계의 심장–하트비트 마크II〉를 만들었던 TEZUKA 2023 프로젝트의 결과 발표회에서 프로젝트의 총지휘자이자 고인의 아들인 데즈카 마코토는 본인들은 몇 개월이나 걸려 가까스로 한 편을 만들었는데 데즈카 오사무는 이걸 주마다 만들었다면서 그는 역시 천재였다고 너스레를 떨었다. 아버지를 향한 상찬이기도 했지만, 한편으로는 AI를 이용한 만화 창작의 한계를 가장 정확하게 보여 주는 대목이라 할 만하다.

흔히 AI의 장점으로 꼽히는 것은 작업의 협업성과 효율성 그리고 인간의 작업 시간을 줄여 줄 수 있다는 것이다. 챗GPT의 등장으로 세상 누구보다도 많은 지식을 쟁이고 있는 비서를 곁에 두고 끊임없이 되물을 수 있게 되었고, 미드저니나 달리의 등장은–훈련 데이터의 저작권 침해 소지가 있으나–구상을 곧바로 시각적으로 구현할 수 있는 솜씨 좋은 화가를 시도 때도 없이 부려 먹을 수 있게 되었다.

그런데 만화는 단순히 정보를 나열하는 것이 아닌 이야기를 갖추고 있어야 하고, 시각적으로는 여러 도화를 이야기의 구조와 전개에 따라 배치하고 나열해야 한다.

만화는 각기 다른 크기를 지닌 칸들과 그 사이에 자리한 칸새(또는 홈통)의 존재로 말미암아 '정지되어 있으나 또한 입체적이면서 영상적인' 매체가 된다. 그렇기에 그 모든 곳에 무엇을 보여 주려 하는가에 대한 의도가 명확해야 독자를 납득시킬 수 있다. 만화에 이유 없는 공간은 단언하건대 없다. 그리고 AI에는 인간의 의도에 대한 '이해'가 없다. 아무리 그럴싸하게 자연어를 구사한다고 해도, 아무리 빠르게 다양한 스타일을 띤 이미지를 조합해 산출해 낼 수 있어도 그것은 인간의 이해와는 거리가 멀고 다만 명령받은 바에 따른 결과물을 잘 내어놓을 뿐이다. 이를 무작정 엮어 놓으면 만화가 될까? 그것은 만화가 아니라 다만 그림 묶음일 뿐이다.

일러스트레이터로 명망이 높은 사람이 만화를 그린다고 할 때 재미가 없어지는 경우가 왕왕 있고, 애니메이션이나 드라마 장면을 잘라 만화처럼 구성할 때에도 어색한 경우가 많다. 이유는, 만화란 일러스트레이션이 아니고 또한 스틸숏 조합도 아니기 때문이다. 만화가 영상적 연출을 가하기는 하나, 영역마다 정보를 분배하고 배치하는 방법에서부터 정보 밀도의 조절을 통해 리듬을 만드는 방법, 칸의 너비로 감정의 크기를 조절하고 칸새의 너비로 시간의 흐름을 나타내는 호흡법 등은 영상과는 완전히 다른 체계를 지니고 있다.

AI의 산출물은 인물 객체와 배경 등 일러스트레이션 내지는 스틸숏의 특징을 보여 주기 때문에, 이를 엮는다고 곧바로 만화가 될 수가 없다. 결국 비교적 AI와 인간이 본격적으로 협업을 이룬 TEZUKA2023 프로젝트에서조차 산출된 이미지를 그대로 쓰지 못하고 시나리오와 콘티에 따라 인간이 재배치해 '완성'했고 기계가 감정에 대한 이해 없이 설명을 늘어놓은 대사도 인간이 대부분을 고쳐서 사용했다. 세계 최초로 AI 산출물을 엮은 만화로 기록된 루트포트의 〈사이버 펑크 모모타로〉 또한 연출 면에서 아주 유려하지 못했지만 산출되어 나온 그대로를 쓰지 않고 배경과 인물을 별도로 생성해 의도에 맞춰 합성해 배치하는 등의 공을 들였다. 이 역시 작가가 '만화가 일러스트레이션이나 스틸숏이 아님'을 이해하고 있기 때문이다. 이즈음이면 절로 튀어나올 만한 불만이 있다. "이러느니 직접 그리는 게 빠르지 않을까?"

AI 만화용 도구를 만든다는 이들이 간과해선 안 되는 것

너무나 원초적인 문제인 저작권 침해, 그리고 로라(LoRA)나 콤피UI(ComfyUI) 등의 발달과 함께 확연히 개선되어 가고 있는 일관성 문제는 제쳐놓고 본다 해도 AI를 만화용 도구로 활용할 때 문제가 되는 부분은 너무나 많다.

많은 이가 미드저니나 달리, 챗GPT 따위에 프롬프트를 막 넣어 보고 아연실색하지만, 또 꽤 많은 이는 그 충격을 오래 담아 두지 않아도 됨을 깨닫는다. AI는 기계에게 기계로서 일을 시킨다는 감각으로 명령을 내리면 생각 이상으로 대단한 결과를 뽑아내지만, 기계에게 인간스러운 대화를 통해 결과물을 도출하기를 기대하는 순간 매우 멍청한 결과를 뽑아내곤 한다. 심지어는 명확하지 않은 정보를 마치 정답인 양 힘주어 내어놓는 환각(할루시네이션)이라는 현상도 곧잘 일으키는 데다가 너무나 뻔한 답만을 늘어놓는 경우도 왕왕 있다.

그래서 AI에게는 기계에 명령하는 법부터 알고 접근해야 하고, 그 결과 프롬프트 엔지니어링(prompt engineering)이라는 분야가 있을 정도다. AI에 익숙하지 않은 이들에게는 기계에 말을 거는 것부터가 어려운데 불행하게도 만화를 그리는 이들은 그림을 그리는 일 외에는 기계와 친하지 않은 경우가 몹시 흔하다.

질의와 산출물의 관리를 위해 TEZUKA2023 프로젝트에서는 챗GPT와 인간 사이를 중개하는 AI 시스템을 별도로 구축해 붙였다. 코카콜라의 AI 활용 마케팅 사례도 주목해 볼 만하다. 2023년 "진정한 마법을 창조하라(Create Real Magic)"라는 표어를 건 콘테스트에서 코카콜라는 오픈AI · 베인앤드컴퍼니(Bain & Company)와의 협업을 통해 달리와 챗GPT(GPT-4)의 기능을 활용할 수 있는 전용 AI 이미지 생성 플랫폼을 개발하여 코카콜라를 소재로 한 디지털 아트워크를 출품받았다. 그러나 이런 기업이나 연구 프로젝트와는 달리 개인들이 별도의 시스템을 구축하는 건 불가능에 가깝다.

따라서 AI를 만화 제작에 이용하려 한다면 다음과 같은 점을 반드시 염두에 두어야 한다. 먼저 인간이 무언가를 보고 느끼고 즐겁고 쾌감을 얻고 싶어 하는 욕망이라는 이름의 전차인 데에 비해, AI는 모르는 걸 넘어 그래야 할 이유가 전혀 없다는 점을 근본적으로 이해해야 한다. 2029년쯤이면 〈공각기동대〉의 인형사가 그랬듯 어느 AI가 '나는 정보의 바다에서 태어난 생명체로서 정치적 망명을 신청한다'고 뇌까릴지 모르겠으나 적어도 지금의 AI는 인간이 보고자 하는 바에 담긴 욕망의 깊이와 가치를 가늠하지 '않는다'.

예술은 작가의 욕망과 보이고자 하는 감정이 묻을 때 비로소 방향성을 지니게 된다. 인간은 이에 해당하는 방향을 최대한 가깝게 만들어 내게끔, 막연하지 않고 상세하고 자세한 질문을 AI에 던져 산출물을 뽑아내고 골라낸 후 이를 더욱더 집요하게 벼려 내야 한다. 이와 같은 과정을 AI와의 시 창작이라는 방법으로 실천해 보인 사례가 있다. 서울과학기술대학교 융합교양학부 초빙조교수 오영진은 ≪기획회의≫ 통권 581호의 AI 특집 중 하나로 실은 "내가 채굴한 문장, '봄날의 빛은 너였다'"에서 마이크로소프트의 빙챗으로 시를 써 본 후 프롬프트의 본질이 명령이나 대화가 아닌 유도에 가까우며 본인은 문장을 사금 채취하듯 여러 공정을 통해 '채굴'했다고 언급한다.

오영진은 나아가 이 협업 과정을 통해 인간 창작자가 얼마든지 텍스트를 다시 생성하고 조정해 자기가 원하는 텍스트를 채굴할 (시간적) 여유, 즉 더 많은 창작의 시간을 얻게 됨을 말한다. 현재까지는, 그리고 아마도 앞으로도 AI는 이렇게 글이든 그림이든 저 '채굴'이라는 형태로 산출물을 돌려줄 것이다. 그런데 채굴된 광물은 녹이고 제련하거나 다듬지 않으면 무기나 장신구가 되지 못한다. 이 말은 바꿔 말해 제련하거나 다듬을 줄 모르는 사람이 쓰면 절대로 쓸 만한 게 되지 않는다는 말이다. 단순 조합 정도로 가볍게 빨리 올릴 용도의 콘텐츠라면

모를까, 일정 이상의 품질을 지닌 '작품'은 AI가 내어놓은 산출물만으로는 절대로 만들어 낼 수 없다.

예술 전반이 그러하지만, 특히 만화를 만든다고 하면 인간 만화 창작자로서 최소한 콘티를 짤 줄 아는 역량을 갖춘 후 산출물을 검토해야 한다. 프롬프트를 미세 조정해 의도에 최대한 가깝게 이미지나 글귀를 뽑아낸다고 한들, 만화는 그다음 단계의 조합과 연출을 필요로 하는 종합 예술이다. AI가 계산으로 산출한 확률은 이 부분을 절대로 충족시키지 못한다.

만화를 모르고서 만족스러운 만화를 만들 수는 없고, 보는 이 또한 '기계조차 쉽게 만들 수 있는 것'만으로는 재미있다고 느끼지 않는다. AI 만화의 가장 큰 한계는 바로 이 지점이다. AI 만화용 도구를 개발한다는 이들이 간과해선 안 되는 것 또한 바로 이 지점에 있다. AI 기술 업체들이 하나같이 내걸고 있는 '그림 같은 거 그릴 줄 몰라도 스토리만 잘 쓰면'에는 만화 언어에 대한 이해가 있을 것이라는 전제가 완벽하게 결여돼 있다. 그곳에는 작가의 욕망이 없고, 독자의 욕망이 드나들 미세한 숨구멍은 물론이고 욕망을 가두어 괴롭힐 용의주도한 함정들도 없다.

기계는 욕망하지 않지만 인간은 다층적인 욕망으로

살아간다. AI와 예술 창작의 관계, 그리고 이미지 만들기를 넘어선 만화 창작의 본질은 바로 그 지점에 닿아 있을 것이다.

참고문헌

권경은(2023.3.22). "챗GPT·DALL-E로 코카콜라 아트워크 만드세요"…코카콜라, AI 플랫폼 활용 공모전 열어. ≪브랜드브리프≫, https://www.brandbrief.co.kr/news/articleView.html?idxno=5893

오영진(2023). 내가 채굴한 문장, '봄날의 빛은 너였다'. ≪기획회의≫, 통권 581호, 50-55쪽.

きたきつねねこ(2024.10.25). Stable Diffusionで人間が描いたみたいなマンガを作ってみたかった件－その1. きたきつねねこ note. https://note.com/kitakitsuneneko/n/nd468dee9e453

森山和道(2023.11.30). TEZUKA2023が制作した『ブラック・ジャック』新作の舞台裏. ≪モリカトロンAIラボ≫, https://morikatron.ai/2023/11/tezuka2023/

10
AI 시대 만화 창작의 위치와 역할

이미 오고 만 AI 시대가 이야기와 이미지의 유기적 결합체로서의 종합 예술인 만화에 시사하는 바는 명확하다. 이제 만화를 만드는 방법론 하나가 추가되었으며 이를 아주 배제할 방법은 더는 없다는 것이다. 그렇다면 만화를 만드는 이의 정체성도 추가되어야 하지 않을까?

AI 생성 이미지 발달의 현재

마이크로소프트의 빙(Bing)에서 제공하는 달리3(DALL-E 3) 기반의 이미지 생성 AI는 그 이름이 이미지 크리에이터(Image Creator)다. 하지만 처음 등장했을 때에는 그 이름을 이미지 제너레이터(Image Generator)라 했다. 다시 말해 AI를 이용해 이미지를 만드는 게 '창조하다(create)'가 아닌 '생성하다(generate)'임을 명시적으로 적어 놓은 표현이었다. 그 이름이 어느 사이엔가 창조 쪽으로 바뀐 건 AI의 역할이 이제 인간만의 영역을 넘나들 수준이 되었다는 일종의 선언과도 같이 느껴진다.

기술 발달과 함께 'AI가 생성한 이미지의 한계'로 생각했던 여러 문제는 2024년 11월 현재에 이르러서는 거의 문제조차 아닌 수준으로까지 발전해 가고 있다. 2020년 TEZUKA2020 프로젝트가 〈파이돈〉을 내어놓을 때까지만 하더라도 글쓴이는 한 신문 연재 칼럼에서 "현재 수준에서는 완전한 오리지널 콘텐츠를 만들기 위한 도구라기보다 자동 채색과 더불어 창작의 밑 준비를 위한 도구로서 발전해 나갈 가능성이 오히려 크다"라고 언급한 바 있다. 지금은 생각을 다소 수정해야 할 상황에 이른 것 같다. 물론 여전히 AI가 생성한 이미지를 그대로 복사해 붙였다 하여 만화라 할 순 없을 터이지만, 그사이에 다양한 서비스가 나왔고 그 결과물의 수준 또한 매우 높아졌으며 이를 활용하기에 따라서는 단순한 밑 준비 수준을 넘는 단계에 이를 수 있게 됐다는 점은 부인할 수 없다.

가장 최근의 예로, 2024년 10월 24일 미드저니에 추가된 리텍스처(retexture) 기능은 이미지 속 형상을 분석해 재질이나 표면, 조명 등을 완전히 재구성할 수 있는 도구다. 한 외국 유튜브 영상이 이 기능의 출시를 두고 판을 뒤집을 놈이 왔다는 의미로 '게임 체인저(game changer)'라고 지칭할 정도인데, 쓰기에 따라서는 찍어 놓은 건물이나 풍경을 이용한 만화용 배경 제작은 물론이고 심지어 각자의 손그림을 생동감 있는 컬러로 바꾸는 일까지 가능해 AI가 무작위로 생성한 그림 외에도 한층 더 적극적으로 활용할 방법이 늘었다 볼 수 있다.

어느덧 익숙해진, 무를 수도 없게 된 만화에서의 AI

여전히 만화를 만화답게 만들 수 있는 건 기계가 아닌 사람이다. 만화의 언어를 모르고서 독자의 가슴을 움직이는 만화를 만드는 것은 불가능하고 이는 앞으로도 변할 일이 없다. 하지만 이미지 생성형 AI가 등장한 이래 '만화는 어떻게 그려야 해'라는 명확한 상이 근본부터 흔들리고 있다. 물론 일찍이 종이와 펜이 액정 태블릿으로 바뀐 것도 큰 변화였지만, 지면이 화면으로 바뀌었을 뿐이고 그간은 직접 구상한 바를 스토리로 쓰고 연출한 후 그 설계에 맞춰 그려 낸다는 틀 자체가 변한 건 아니었다. 배경과 각종 소품을 사서 쓰는 시대가 된 것도 놀라운 변화였지만, 여전히 중심축에는 모든 걸 내 손으로 그려 내고 엮어 내지 않으면 안 된다는 전제가 있었다.

그런데 AI는 여기에 기존과는 완전히 다른 선택지를 추가했다. 궁금한 게 있으면 바로 물어볼 수 있고 생각한 바를 눈앞에 직접 구현할 수 있는, 솜씨는 좋지만 말귀를 알아듣게 잘 말해 줘야만 하는 조수가 대기하고 있다가 필요할 때 "이런 게 맞나요?"라면서 마구 던져 주게 된 것이다. 이를 참고삼아서든, 직접 이용해서든 만화를 만드는 데에 활용하는 과정은 불과 얼마 전까지는 전혀 다른 양상이라 할 만하다.

물론 오로지 AI가 산출한 결과물을 얼기설기 붙이는 것만으로는 품질 좋은 만화가 되지 않겠으나 눈썰미 있는 이들과 눈치가 빠른 이들은 이것을 저작권 침해를 최소한으로 줄이거나 우회하는 형태로 활용할 방법을 찾아내고 있다. 팔다리가 엉뚱한 곳에서 솟거나 손가락이 여섯개인 경우로 비웃던 때를 비웃듯 세밀하게 수정해 자연스러움을 부가하는 방법이 개발되어 나왔다. AI 이현세와 두 TEZUKA 프로젝트의 사례는 AI를 어떤 방식으로 접목해야 하는가에 대한 답 가운데 하나를 가장 치밀한 형태로 보여 주었고, 사람들은 이 기술들로 무엇까지 가능한지를 계속해서 목도하고 있다.

가장 가까이는 선화 추출이나 채색부터, 멀리 나아가면 영상화 등 멀티미디어 효과의 손쉬운 부가까지 컴퓨터 한 대 안에서 개인 단위가 할 수 있는 일들이 갈수록 늘어 간다. 자료 조사를 위한 논문 요약이나 번역까지도 AI가 해 내니 완전하진 않다 해도 다국어판을 만드는 것도 가능해진다. 이 모든 것을 종합해 보자면, 불과 몇 년 사이의 변화를 목도한 이들이라면 이제 AI의 도입을 무작정 거부하기란 어려워졌다. 장단점이 교차하는 가운데 장점들이 두드러지고 있기 때문이며, 초기와는 달리 이미 알게 모르게 작업에 AI를 적용하는 이들이 늘어났기 때문이다. 포털에 연재되는 상업 웹툰의 과도한 분량을 놔두고 AI로 그 양을 채우자는 식의 발상은 문제가 있겠으되, 독자들은 이미 "AI를 써서라도 양을 늘려라" 같은 말을 내어놓는 데에까지 이르고 말았다. 이 댓글은 AI 도입 의혹으로 홍역을 치렀던 〈신과 함께 돌아온 기사왕님〉 만화판에 달린 것이다. 분량을 비롯한 노동 이슈 등

빠트려선 안 될 논점들이 여전히 산적해 있지만, 분명한 건 2024년 겨울(집필 시점 기준)에 접어드는 이 시점에 창작자도 독자도 AI의 존재 자체에만은 어느 사이엔가 몹시 익숙해졌다는 점이다. 이젠 반대자가 있든 없든 어떻게 해도 무를 수는 없다. 현재의 만화 창작은 정확히 그 공통된 인식 선상에 오도카니 서 있다.

디렉터, AI 시대 만화 창작자에게 다가온 정체성

'제너레이터(생성기)'가 이제 나도 크리에이터(창조자)요 하며 옆으로 치달아 온 이때, 그 기계에 말을 걸어야 할 처지가 된 인간 만화 창작자는 그럼 어떤 역할을 하게 될까? 지금까지 AI를 둘러싼 숱한 비판점들과 많은 이를 분노케 한 지점들을 할 수 있는 한 수정해 간다는 전제로 보자면, 만화 창작의 범주에 '크리에이터'의 정체성만이 아니라 '디렉터(director)', 즉 총감독의 역할이 추가되고 있다고 볼 수 있다.

영화의 경우 혼자 만드는 사례가 없는 건 아니지만 대체로 시나리오 작가, 콘티 작가, 촬영과 조명, 편집 등 각 분야의 전문 담당자가 있으며, 이렇게 하여 촬영된 여러 영상을 총감독이 시나리오에 맞게 선택해 한 작품을 완성한다. 총감독의 역할은 가장 잘 맞는 요소를 골라 합치는 것이고, 자기가 다 하지 않는다고 영화를 가치 없는 것으로 치부하지는 않으며, 또한 직접 찍지 않은 장면을 만들어 넣는 게 이상하지 않다. 어찌 보면 만화 창작도 AI에게서 '제안'받은 장면을 취사선택하여 엮어 넣는 과정이 덧붙었다는 점에서 비슷하게 볼 수 있다. 물론 이것은 선택의 문제다. 창작자로서 오롯이 모든 것을 나 혼자서 해결하겠노라는 사람의 정체성과, AI가 만든 이미지를 잘 엮어서 만들어 보겠다는 사람의 정체성이 갈리는 지점이 온 것뿐이다. 그러나 이미 천계영처럼 몸이 안 좋아져 수작업이 일절 없이 입으로 명령을 내려 3D 기반 만화를 창작하는 사례가 있었으니만큼 만화 창작에 손을 직접 쓰고 말고가 문제는 아니었으리라.

양쪽의 차이는 명확하지만, 결과물의 목적은 같다. 그건 바로 인간 독자가 읽어서 품질이 좋고 재미있어야 한다는 점이다. 완성된 만화를 독자에게 내어놓은 순간, AI라는 기술을 썼다는 것은 자랑도 면피도 될 수 없다. 그렇게 확실한 재미를 주는 경우가 늘어날 때, AI와 만화는 그제야 자연스럽게 궁합을 논할 수 있게 된다. 그때가 되어서야 비로소 AI 만화 창작에 필요한 '그림체' 패키지, '연출' 패키지 따위가 개발되어 개발자 내지는 원출처가

되는 작가의 이름을 걸고 등장하는 매우 IT스러운 미래도 그려 볼 수 있을 것이다.

모든 문화는 도구 발전의 역사와 맥을 같이하며 발전해 왔고 그때마다 반발과 적극적인 활용이라는 선택지 앞에서 충돌해 왔다. 그리고 결국은 모든 경우에 '하는 것도 보는 것도 사람이다'라는 결론이 반복되어 왔다. AI는 참 당혹스러운 녀석이지만 이미 짧은 시간 안에 너무나 많은 걸 보여 주었으며 인간은 언제 그랬냐는 듯 어느새 적응하고 말았다. 문제점은 여전히 많지만, 완전히 대체될 것이라는 공포보다는 어떻게 써야 인간으로서 만화를 만들어 갈 수 있을지 머리에서 힘을 빼지 말고 지켜봐야 한다.

마지막으로, TEZUKA2020 프로젝트의 과정과 결과를 담은 공식 영상 마지막에는 데즈카 오사무의 〈유리의 지구를 구하라(ガラスの地球を救え)〉 속 대사 하나가 영어로 번역되어 삽입되어 있다. 그 내용이란 바로 "과학은, 자연이나 인간성을 잊고서 진보만을 목표로 해선 안 된다(Progress in science must not leave nature and humanity behind)"다. 결국 이 화두의 답은 기술 만세가 아닌 인간이고, 인간이어야만 한다. 그 하나만 잊지 않는다면 우리는 충돌 속에서도 "답을 찾아낼 수 있지" 않을

까. 영화 〈인터스텔라〉 대사처럼, "언제나 그랬듯이".

서찬휘

만화 칼럼니스트다. 본명은 임채진으로, 2014년 성공회대학교 문화대학원에서 미디어·문화연구 전공으로 석사학위를 받았다. 1998년부터 만화 커뮤니티 만화인(manhwain.com) 등을 운영하며 ≪한겨레≫, ≪국방일보≫, ≪인천일보≫, 한국만화영상진흥원 웹진 등 다양한 매체에서 만화 칼럼과 평론을 써 왔다. 2008년부터 청강문화산업대학교 만화콘텐츠스쿨(옛 만화창작과), 상지대학교 문화콘텐츠학과, 중앙대학교 문예창작 전공, 백석문화대학교 웹툰애니메이션학부 등에 출강했다. 2018년부터는 〈만화 속 배경 여행〉을 시작으로 여행 작가로, 2020년부터는 만화 〈PAN&AL's 난임일기〉, 〈작정해도 어렵네〉로 만화 창작자로도 활동 중이다. 한국산 자생형 오타쿠인 오덕·덕후, 그리고 만화 바깥 현실 속에 자리한 만화 문화의 연결 고리를 찾아 정리하는 것을 주된 연구 주제로 삼고 있다. 단독 저서로는 『키워드 오덕학』(2017, 생각비행), 『나의 만화유산 답사기』(2018, 생각비행), 『윤승운: 만화·웹툰 작가 평론선』(2018, 커뮤니케이션북스), 『한혜연: 만화·웹툰 작가 평론선』(2019, 커뮤니케이션북스), 『김진태: 만화·웹툰 작가 평론선』(2019, 커뮤니케이션북스), 『덕립선언서』(2020, 생각비행), 『오덕이라니』(2024, 출판사마저), 『인스타툰』(2025, 커뮤니케이션북스)이 있다.